方言は今も生きている

方言と共通語

山田 豪
YAMADA Tsuyoshi

文芸社

はじめに――街の変貌と方言

本稿では「富山藩と売薬業と方言」について、一つの提案をしています。冒頭ではありますが、この提案をきっかけに、このテーマについてみなさんの間でお話を深められることを願うものです。

最初に、Ⅱ章に掲載しています「略年表」についてです。この「はじめに」とともに、富山藩と売薬業を中心にした地域史「旧富山藩領に関わる略年表」（pp.80-115）に目を通していただければよいと思います。なぜそれを載せたかです。歴史にはその地域の誇りと隠したいものが見えるからです。

これは、今日格段に肥大した富山市と、当時は越中の一部の狭い領域であった富山町とその周辺の地域が、どのようにその歴史を刻んできたかを確認するためのものです。ほとんどの人たちは、その領民のあり様がきわめて濃いものであったと思われるのですが、その経緯がどのようであったかについては、空白なのではないでしょうか。

これを見て、みなさんはどのように思われるでしょうか。

富山藩の歴史については筆者も詳しくはないのですが、取りあえずはここで、方言についての、本書が可能になった経緯を書いてみます。

最初に指摘するのもなんですが、それは、著者の付き合いの範囲において、「富山にちゃ（には）なんもない」とよくいわれていることにかかわるわけです。平成の時代が終わっても、そんな風に思います。

しかし平成に入ったごく最初のころからでしょうか、富山駅前が急に少し綺麗に整備されたようです。その後、少しずつというか、徐々に、市役所あたりや、お城やそのまわり、総《そう》曲輪《がわ》通りのまわりや、その周辺の、いわゆる街中《まちなか》が綺麗にされてきたように思います。それでも、そのような小綺麗な街の風景を含めて、「なんもないなあ」と思うのです。街建てが富山城（昭和二九年建設）を意識させるようにつくられていないせいで、街の空気を引き締める富山城の存在感が消えているからかもしれません。

お城の中の公園ですか、その中も本当にゆっくり、ゆっくりですが、途中休みながら、整えられてきました。芝生なども植えられるようになるまでには、たぶん一五年以上はかかったように思います。そんなことからでしょうか、この街が綺麗に整備され、楽しいことでいつも溢れているから、それでいいんだとする意見も多々あるのです。ですから方々《ほうぼう》で、「なにもない」と言っちゃいけないと言われた時さえあったのです。

空白感いっぱいの「なんもない」ということは、端的に言えば、人と人をつなぐきっかけになるものがないということなのです。日常的には多くの人たちは、職場に忙しく閉じ込められ、自分の家庭に我を忘れ、閉じ込められているわけです。そのような人たちだからこそ、そんな場から解放されて、互いの人間を意識し、それを見出そうとして、付き合うきっかけになるものがないということなんです。

街中は、見た目綺麗なようです。でもこの綺麗さの実態は、令和に入って放映されたNHKの三〇分のテレビ番組で、ある若い女性が富山の街が持つ風景について質問されて「無機質だ!」と述べたのです。その表現はまさにこの「空虚さ」にぴたりと当てはまるのです。

この指摘はつまり、この街とそこに住む人たちには「心地よさ」「親しみ」「懐かしさ」が見つからないと訴えていることを意味していると思いました。この街に巨大な影響を与えた先達には、安田善次郎、馬場はる、南日恒太郎《なんにちつねたろう》がいますが、彼らの存在もこの町にはもう見えないものになっています。そのような人たちへの肌合いの近さを覚えさせるものはないようです。この非在の軽さはどうしてでしょうか。今や表面の「小綺麗さ」しかないのです。引きつけられるものがない。だから、この街にずっと住みたいと思う人たちが少ないのです。

これは、周囲に富山弁が、乾いて響き、空白にしか響かないことからも分かるのです。そのような富山弁ですから、引きつけられるものがないのです。であるとすれば、富山の人たち同士の多くが乾いた方言を話して、それでいいとする自己満足感に閉じ込められているようです。これはみんなが周りのことに互いに無関心なことを示しています。自らにも冷たいし、他の人たちにも冷たいのです。その冷たさは、富山という街並みには、行政が企画して整備した小綺麗さしか見えないというのと同じです。

ですから、その乾いて響く方言を、それぞれの人の努力でどんな風に生き生きとした富山弁にするかがポイントになるのです。そのようにみんなが工夫をし、各々が生きた富山弁を取り戻して生きることを、県外の人たちも、県内人も求めていると思われます。

確かに、富山湾と三つの平野と立山連峰、この三つの一体化し、有機的につながりあった姿が、この越中が持つ取り柄なのです。しかし、ただこの魅力だけでは人々をこの地に引き留められません。

またごく最近のことですが、私が駅北の通りを歩いている時に、たまたま私の後ろを歩いていた、ともに二十代でしょうか、二人の女性の間でのやり取りが聞こえてきたのです。「富山市には良いものなんてないとしかいいようがない、環水（公園）に行っても魅力がない」と。やっぱりそんな見方をしている若者たちもいるのか、と思いました。街並みの小綺麗さに目を奪われていない鋭い感覚の持ち主、そのような人は少ないかもしれませんが、確実にいることに安心したのです。

確かに「なんもない」のには、大きく言って二つの側面があるようです。一つは、空襲があって、それも物凄い被害だったから当たり前ですが、そのため、歴史的な遺跡に類するものが街中にきわめて乏しいのです。その上、その後の推移の中で、戦災復興記念の像があっても、それを思い出す機会が設けられていないのです。さらには、売薬を誇り、その業に生涯をかけてきた庶民の労苦を思い出させる像とか、薩摩組（売薬業の株仲間。関東組、五畿内組など二二組の一つ）などの記念碑が、市民の手で建てられていないからです。

これでは、この街がどんな風に生きてきた市なのかはさっぱり分からないのです。さみしい街だな、としみじみ思わされます。こころが、立ち止まりたくない、癒されるところがないと、いうのです。

そしてもう一つは、敗戦後の街中のデザインをしてきた人たちがどのような人たちかは分かりませんが、彼らは恐らく街中に住み、その街を日々行き来する人たちが持つ寂しさや空しさを癒すのではなく、行政組織のトップにいる人たちのみを見て、ただ形よく！　と都市デザインがなされてきたことにあるのではないかと思われるのです。

「なにもないちゃ」と言われながらも、しかし、富山駅のすぐ前には「安田善次郎像（記念室付置）」が建ち、彼の生い立ちを忘れるなとみんなに問いかけています。

鼬川《いたちがわ》の川沿いには、いくつもの「水神の社《やしろ》」が見られます。安政五年の鳶山《とんびやま》崩れのような大地震は大変だったようです。これに類する大災害がまた来るかもしれないと、これらの社は警告しているかのようです。

また、次の思いも筆者には忘れられないでずっとあるのです。この件は、富山藩や売薬業がどうのこうのと知る、ずっと前に聞いた富山についてのことです。富山って寂しいイメージを持つ街なんだと植えつけられました。小学校のある先生が言われた話です。

富山市のわきを流れていて、暴れ川といわれた常願寺川（日本で一番の急流）のことです。その先生は、常願寺の川底は、あるところまでは、標高として大和デパートの屋上よりもずっと高いところを走っているんですよ、といわれたのです。みんなが夜寝ているのは富山の市街であって、それは低いところにありますよね、とすれば常願寺が氾濫するとどうなるか分かりますね、決して忘れないように、というものでした。

そんなこともあって、鼬川沿いを散策する際は、それら水神の社が気になります。それらが呈している様子にこころが止められるのです。佐々成政が工事した堤からひかれてくる川沿いでもあり、この地域史が辿ってきた遠い昔を思い出しながら雪見橋や今木橋などをわたっていつも歩いています。この雪見橋は昔「大橋」と呼ばれ、慶安の頃（一六四八～一六五一年）藩費により架けられ、明治二五（一八九二）年、木鉄混製のつり橋に架け替えられ、その時命名されたといいます。また、富山地方鉄道（昭和五年創立）の市内電車やバスは楽しいもので、宇奈月などや富山の間を走っている電車もあります。それらがこの地を分けてトコトコ走る風景は印象的です。

次に、筆者が方言にこだわった個人的な体験に触れてみましょう。

基本的には、その一つは、筆者が富山市生まれであることです。

そして、二つには「言語学」を、そしてまた、人間がどのような姿をして生きているかを探る「人間言語学」（この研究分野の創始は、故・勇康雄先生）を生涯のメインの専門にしてきていることにあるわけです。

その他に、実際にはまだ二つの重いきっかけがあるのです。

そのような、ええっ！　と思わせるような衝撃的な事件が二つもあったのです。そのような強烈な体験がないと、富山弁とはどんなものかについて深く知ろうとは思わなかったでしょう。

その出来事は、昭和三九年の四月に大学の学部一年生に入りたての私でしたから、私には想像すらできなかったものでした。その思いもしない出来事は、三年生たちがリーダーという形で、北軽井沢の照月湖畔で一週間にわたって開催され、そこに、富山市に高三まで生活していて、初めて東京へ出て来た私が参加した夏合宿において起きたのです。

その最終日の夜に、それは事件といってもいい感じで起きたのです。最終日にリーダーが呼んでいるから来るように、と言われたので、リーダーの部屋に行ったわけです。そこには三年生のリーダーが七、八人集まっていました。

そこで聞いた第一声が、「おまえの言葉が悪い！」「どこの言葉だ！」「標準語でしゃべんなきゃダメ！」だったのです。

と、いきなり切り出されても、何が何だか、さっぱり分からなかったのです。とにかく私は子どものころからしゃべってきたそのままで、東京に来てからの四か月もしゃべっていたわけです。

その秋からは私から富山弁は消えました。そうか、私がしゃべっていたのは、富山弁だったんだ！　とその時初めて気づかされました。でも内面は、富山弁って何だ！　どこが乱暴なのだ！　標準語ってなんだ！　そんな問いの繰り返しでいっぱいでした。なんで富山弁をしゃべってはいけないのだと。この問いは、その後ずっと続きました。


もう一つは、新宿西口のある飲み屋での出来事です。

「あなたが今、富山の人って、聞こえたから、聞くんだけど」と、まったく見知らぬ脇にいた人からいきなり、声を掛けられ、問いただされたのです。

「富山の人って、何を聞いても答えないんだね！」

「富山って、どこにあるの？　と、聞いても、あの辺とか、金沢のこっちの方とか、しか答えてくれないんでね」

「富山の人ってどんな人？　と聞いても、何も答えない」

「こんな利害関係のない人を相手にした飲み屋でですら、富山の連中って、自分を開放して発散できないんだね!!」

「どんなところ！　富山って？　と聞いても、何の返事も来ない」

「どうしてあんなに暗いの！」

「富山の誰をつかまえて聞いても、あいまいな返事しか来ないんだよ！」

この出来事も私には衝撃でした。

そりゃ、うそだろ！　と思うしかありませんでした。

読者のみなさんは、どのように思われますか。やはり、嘘だと思いますよね。

そこは、それまで何度か行ったことがある飲み屋でした。ある夜、たまたまその飲み屋で、偶然に問いただされたことでした。それは私には驚きそのものでした。

その時期をはっきりと覚えていないのですが、これはたぶん昭和六〇年ころの、ある真冬の出来事と思われます。

そのように問いただされたのですが、この印象が余りに強かったのでしょう、私はこれによって直ちに、あの昭和三九年夏の出来事へと引き戻されたのです。

富山弁のせいかな、と思わせられました。としても、何で富山弁のせいなのか、といろいろな疑問が出てきたのです。

その後このように聞いたことが果たして本当なのかと疑い、これについてはどうしても確かめなくては済まないなと思ったのです。

それで一か月に一回か、三か月に一回くらいでしたが、その店を含め、新宿の数軒の飲み屋に出かけて行って、見知らぬ人たちへですが、お酒を一杯差し出し、話のとっかかりをつかみながら、いくつかの問いをしたのです。この個人的な調査は五、六年続いたと思われますが、いつの間にか途切れてしまいました。


富山出身のせいか、とか、富山弁のせいか、などとどのように推測しても、そのころは、それを確かめる手がかりはどこからも出てこなかったのです。そのことが、その後の追跡が途切れた大きな理由です。

このなぞ、というか、宿題を、やり終えるには、私が教員を退職し、富山市へと戻り、いろんな資料を確かめられるまで待つしかないと思ったわけです。「越中史」がどのようであったか、その問いからスタートしたのです。


ここで、富山駅の駅南と駅北との市電「ちんちん電車」の接続に関わっての感想を記してみます。

北陸新幹線が通る富山駅です。二〇二〇年三月二一日に、その南側地域と、富山湾側にあたる北側地域が市電で結びつけられ、北側にはそれを記念して像も立てられました。でもそれは、旧富山藩の領民たちが歩んだ歴史の濃さを素通りしていいよ、といわんばかりの像です。

市民の多くの意識を置き去りにして、行政レベルで画一的に企画されたためでしょうか、綺麗ですが、街の様相が平板で、心地の良い刺激を与えず、どこかさみしい感じがするのです。

それまでは長年駅舎自体が壁になって、徒歩の場合は少し離れた地下道を通って南北を往き来するしかなかったのです。ですから、市電で、そして歩いても、駅南から駅北へ、そしてその逆へと往き来する魅力は確かに大きいわけです。

交通網の整備に伴う活気は魅力ですが、それでも街中にただよう閉塞感が脇にあって、目に見える活気は、目に見えない重さと無縁で軽いもののようです。市民には、この地のもんだという意識はあっても、多くの人たちには、特に女性たちには今も、うちに閉じ籠るしかない辛さや暗さがくっついて離れず、これからも付いてまわるのがこの地の実情です。

この市は市民の手を離れて、急激に車社会化し、広域化し都市化して今を迎え、そんな動きに人々の気持ちがついていけないのです。内向きの気持ちに対し距離感がありすぎる都市化です。自立した人間としての将来のイメージを描くことができないのです。経済次元での他県との競争に引きずられた、市民の目が入らない都市化のため、空洞の空気が見えるのです。すなわち、近代的な都市構造も、近代に生きる人間もともに市民一人一人の手を一つ一つ入れてつくり上げるものだ、という意識が不可欠なのですが、それがまずどこにも見られないように思えるのです。

近年「おもてなし」と言われます。富山駅などではこの数年、主に観光客向けでしょうか、「おもてなしの会」がたまに開かれています。でも、この言葉は空回りし、どうも空虚に響いているようです。

本当のことをいえば、まずは駅の南北や県外や国外に離れて住んでいる人々が、互いに日々大切にしていることなどを示し、誰でも自分たちの公民館などに招き入れ、顔を知り合うことが、おもてなしの第一歩ではないでしょうか。

ですから、一例ですが、この町ではこんなテーマで活動しているよ、その日時はこれこれです、ぜひ顔を見せに来てくださいと、見知らぬ人たちに知らせる「町からのメッセージ・ボード」を立てるのはどうでしょうか。このことは町単位だけでなく、有志で集まったグループで進めても良いと思います。人間の具体的な姿や顔が見えることです。「来られたがけ」（いらっしゃったのね）といって見知らぬ人を迎えたいものです。招き入れた人たちの住所などが分かる場合は、後から〝おみやげ〟を送ってもよいのです。そのような街々にしていけば、ＳＤＧｓなどの諸問題にも地道に対応する展望が開け、そこの空気が生き返るのです。

二〇二〇年七月　二一世紀の日本の各地方を想像しつつ

目次

Ⅰ　方言とは何か

1　故郷を映す言語

故郷とはどのようなものでしょうか。このように問うてみると、それは、先ずは地域の自然や民俗性や歴史があって、その下に育まれる生活の様態です。生活と言ってもそれは、江戸時代までは少なくとも、それぞれの地域を制覇した領主がどのようにその地を統治し、そこに領民がどのように日々の営みをしていたかと密接に重なり合うものです。

⑴　故郷への想い

それでは、大田栄太郎（『越中の方言』）はどのように方言を考えていたのでしょうか。その著作から見てみましょう。

よく小さな島なんかで、仮にいえば新潟県粟島（岩船郡）なんかで、わずか二ヵ村あって、その二ヵ村の言葉が違い、八丈島なんかでも以前五ヵ村あって、その五ヵ村がそれぞれ違っていた。山の谷あいでも、よく谷ごとに言葉の違っていることがあった。これらはおそらく岸壁に漂流者が住みついたり、山にあっては、樵夫とか、以前なら漆かきとか、木地屋などが、人のいない地に、それぞれ腰を下ろしたような場合、いわばそうした祖先を異にした人々が住みついたことが、その言葉の違いを残しているのではないかと思われる。

そこへいくと、平野などは、人口密度が高く、それに婚姻その他経済関係が複雑で、言葉も交流しやすく、均等化が早く進むのである。先の島とか谷あいの部落の場合などは、経済が自給自足であったり、とくに木地屋などは、他の職業人の娘さんを貰ったのでは、ろくろ師として仕事を十分なし遂げられない。ということは、ろくろ師（木地屋）は、脚に特別の踏ん張る力がなくてはならないので、仮にいえば新潟県西頸城郡の木地屋などは、飛騨から嫁さんをわざわざ貰った、という記録さえある。そういう所では、隣の谷あいの部落との交流は、容易に進まない。従って言葉なんかの交流は非常に遅れるのである。

そういうことを、さらに拡大して考えるなら、越中なら越中の言葉（方言）とか、加賀なら加賀の言葉というものが、形づくられて残ることになるのである。（中略）

麟寸（マッチ）にしても同様、熊本県とか対馬では、オランダから渡来したというので、ポスポルとかポスペルといっており、富山県では、昔の火打石からすれば、すばらしく便利であった附木（ツケギ）にも倍して、麟寸はさらに重宝であるというので、カラ（唐）附木とかそれを音読してトウ附木とか、す早くつくというのでハヤ附木と命名した。

こういう場合、どの語が命名法（指示語）として正しいとか正確ということではなく、従来からのいきがかりというか、一種の思いつきが採用（承認）されたわけで、それがまかり通るのである。そうした一種の自然発生的の語であるところに、方言の重さというか、地からなるものがあるのである。（pp.11-14）

大田は、狭くても広くても、それぞれの地域そのもののあり様が故郷であって、それへの無条件の一体化を語っているのです。

ここに見るように、普通にいって以前の古い時代までは、村々には無数の苦しいことがいくつもあって、それらに対応するだけで大変なはずですが、人々にとって方言は無条件に賛美していいとされ、人々はそれに心酔するものとして描かれています。とすれば、そのごく狭い故郷が全体として健全に動いて、人々に元気を与えていればいいのですが、もしそこの一部に取り返しのつかない傷がつけられ、そのことに気づかれないで長年が過ぎてきたとすれば、どうでしょうか。

(2)　無条件の一体化にともなう危険性

たとえていえば、明治期以前の時代においてですが、その時代までについてもいろいろと問題点が見られるのですが、それでも、無条件にそれぞれの故郷を、その地の方言を賛美するとされる面が大きいようです。

それでは次に、以下に示す大田の説明に関しては、どうでしょうか。

そうです、いくつもの地域があるのです。そして、どの地域についても、そのすばらしさを愛でることができるはずです。しかし、そのような中でも、自分が生まれた故郷については、口では言えないような親しさがあり、安心感があると述べられているわけです。

それはおそらく、自分の故郷が示す風景が、自分のうちに子どものころから育んできた情感や感覚と微妙に絡み合って、そこに、故郷にそのこころが溶けていく思いをするからであろうと思われます。

故郷と自分の情愛との、両者が、相互に響き合う関係にあることを味わえるのが魅力と推測されるのです。

そこにはしかし、時代的な推移があるのです。明治期以降については、故郷であっても、それは、江戸時代に懐かしかったであろう故郷ではなくなっているのです。時の流れとともに、江戸時代までの故郷はどうしても消えていくからです。言い換えると、古い故郷はいつまでもその時の古さのままに留まっているのではないのです。「江戸時代までの方言」は明治期以降の故郷には住めなくなっていくのです。それでも、古い古い故郷と最近の故郷とがシンクロして、人々にそれだけ清々しく溶け込んでいくのです。大田は前掲書で、この

「古い時代の方言」を次のように説明しています。

旅行すると、よくそこにきれいな公園があったり、また岩石・海川があったりして、いろいろと目を楽しませてくれる。

けれども、それは、思いからか、どこか表（うわ）べだけの美しさ、すばらしさ、驚きのような気がする。

そこへいくと故郷は、よし山は低くとも、川は小川でも、家は少々見すぼらしくとも、そこになにかしら、いうにいわれぬ懐かしさ、親しさが漂っていて、大きな安定感がある。愛情のこもった眼差しで包んで離さないものがあって、どこの公園、山川にも持たない魅力を持っているのである。

故郷に輝く日も、大家、高層のビルの建ち並ぶ都の日も、同じ太陽に違いないが、その太陽の微笑みが違うようである。

山田孝雄先生が、

国めぐり　山々見れども　故郷の
越しの立山　比《たぐ》ひなきかな

と詠まれたのも、なにもそれは物理的な立山の高さとか、険（けわ）しさとか言ったことから詠まれたのではないと思われる。

石川啄木が、

ふる里の　山に向ひて　言ふことなし
故郷の山は　有難きかな

と詠んだのも、結局ふるさとの渋民村は、何時もおおらかに、なんら過去を質《と》うことなく、あたたかく迎え入れてくれたことを、ただただ感謝の念で讃えたものであるまいか。

故郷とは、言葉をかえていえば、み親のいます所、私ら祖先の血をつたえている所であるといいたい。（pp.9-11　ルビ：筆者）

ここでのポイントは、「そこへいくと故郷は、よし山は低くとも、川は小川でも、家は少々見すぼらしくとも、そこになにかしら、いうにいわれぬ懐かしさ、親しさが漂っていて、大きな安定感がある。愛情のこもった眼差しで包んで離さないものがあって、どこの公園、山川にも持たない魅力を持っているのである」にあるようです。

そして大田はまた以下のように指摘しています。


その故郷で、最もいきいきと私らに語りかけてくれるものに方言がある。（p.11）

日本の方言はしかし西欧に見られる dialect と違うのです。それは、言語の構造（SVO

構造）と言語体系が基本でないのです。普遍的な言語構造が先にあって、それに則して働くものではなく、その体系の網目が柔らかく、また隙間を多く許すため、その外へと逸脱し、はみ出てその土地の色と一つになって、その土地が見せる色彩に一体化し、その色を守る言語なのです。

そのため、故郷に豊かに育まれ育っているとは、また同時に、その故郷にプラスの出来事があれば良い方向に、そして、何かの事件で、もしマイナスが潜んだとすれば、その形に限りなく変質している、ということでもあるのです。後者ではあるマイナスの性格が、その地域史が持つ序列性のどこに置かれても、その色にまみれる形で埋め込まれていることです。そのため、後世の人たちに抜きがたい劣等感が植え付けられたままに残ることにもなります。故郷が好きとはしかし、それでも構わないとされることかもしれません。

一般的には、大田が指摘したように、「故郷の山は有難きかな」と謳い、そこに「感謝の念」を抱けることは、各地域に一体化して働く方言のもつ魅力かと思われます。

そのようであれば、つまり、その地域に人々を決定的につまずかせる要因などがなければ、それ以外の、種々の災害等がいろいろとあったとしても、人々はその地域の自然に全幅の信頼を置き、それに健全に育まれているということです。また、その地を領した藩に善政を敷いた藩主が一人でもいれば、そのような風紀に背を押されて、その後もその地が活力を持ち続けることができると思われるのです。

しかし、明治期以降は、欧米に亀裂を入れられ、さらに標準語設定期以降、方言が排斥されたという点で、そのような方言はもはや、そこに安住することができなくなったのです。幕末までと違い、それ以降では、故郷も方言も変質してしまったからです。

このことは次のことを暗示しているように見えます。すなわち、故郷への無条件の一体化を示して花開いた方言から、そこから一定の距離を取って、人間を生かすことを第一にした方言へと、つくり直すことが求められる時代に入っているということです。

しかし、この転換は未だになされていないようです。

方言は今もなお、無条件にいろいろの時代や地域、故郷に一体化して働いているのです。またその方言が惰性化しても空洞化しても、そして虚しさで満ちていても、人々はそれと共鳴するのが当たり前という形で、方言を話しているようです。

敗戦後の経過としては、しばらくの間政治の季節が生まれ、反安保の運動が盛んであったわけです。しかし、一九七〇年の大阪万博ごろから大都市圏も急速に自然回帰するか、無機質化してきています。

一時的には、いくつかの大都市圏を中心に、革新性を鮮明に構築するに足る共通語が若者たちの間に打ち立てられ、それが支配権を持つように見えましたが、それは表面的なことでした。各地方においては、政治の季節が地方にまで広がらないように、地方が持つ魅力や特色を打ち出して、革新的な要素が小都市に入らず、諸地域を支配しないようにされてきていたのです。

そのような政治的な嵐の時代を抑えるべく、「故郷という容れ物にすべてがパックされた状態」が優れたものと喧伝《けんでん》され、地方ごとの特徴を持った田舎主義に、人々はしがみつくように仕組まれています。そのために、人々は各々の地方意識に分断され、それらに抱えられたままにいくつかの時代を過ごしてきているのです。その中に種々の貧しいものがあっても、人々はそれらの一つ一つに細やかに対応する立場に置かれているのです。

敗戦後の特徴としては、表面において、生活の便利さを求める近代化政策に拍車がかけられたとともに、底流では自然生活への回帰を志向したり、空無化した様相に捕らわれていくという反近代化政策が進められているのです。このように、相反する面を持った二重の現象が見られるのです。

すなわち、江戸期までは、故郷という容れ物に、地域史も、民俗性も、方言も、その他の営為などすべてパックされて営まれていたのです。このことが当たり前であったことから、明治になっても、大正、昭和に入っても、土地に礎を置いた惰性の動きがよしとされて続いてきているのです。

しかし、明治期以降はそのことが許されなくなった時代のはずです。

というのは、明治期早々から、それぞれの地域の自然や民俗性などは不要なものとして追いやられ、それとはまったく異質な、英語などの外国語を用いて、資本主義的経済主義とそれに則した組織体制が、あたかも革命であるかのように、それまでの古色蒼然とした日本社会を覆《くつがえ》したからです。そのことを、人々は政府による性急な指示によってつくり上げることを余儀なくされたのです。

それでもしかし、そういう新しくつくり上げられた体制をも、方言はそれらに激しく壊されながら、無理矢理地域自然の延長として受け入れてきているわけです。

実際に、各地の方言を壊しつつ、明治の政権を掌握した政治思想などの正体と言えば、それは、一方的に人々を差別し、上と下の階級へと彼らを大きく分断する経済主義や思想などであったのです。

人々はしかし、これらの事実を正確に把握することで、人間としてもみな対等な存在であることを認識するだけでなく、真に人々を親しく繋ぐものが方言であるとすれば、人々を分断する組織主義的な経済主義システムや思想を容易に受容し、それらに従う方向へと進んではならなかったのです。

実情としてはこれとは違って、階級性や各種の差別などという、取り返しのつかない問題を生み出すシステムであったのですが、人々の多くはたぶんそれでもやむを得ないと思い、引きずられて生活してきているのです。

その理由は、方言においては師弟関係などが大切とされ、異論があっても、その地域の雰囲気を支配している空気にやたらと波風などを立てることなどは良いとはされてきていないことにあるのです。

それでもしかし、受け入れた思想による矛盾が大きいことを思えば、村々を支えるシステムとして資本主義を受け入れることは間違いだと、方言を通しても認識されるべきであったのです。

実情としてはしかし、明治期や大正期では、海外から入り込み、人々を分断することで成立した組織的経済主義があったのです。そのような批判の対象でしかない経済思想ですが、それまでの故郷に食い込み、それらを徐々に支配し蝕《むしば》み始めていたのです。

人々を分断して成立する経済主義や思想などです。そのようであれば、それらへの批判などはしかし、方言が扱う事柄ではなく、共通語の問題だとされがちです。共通語が剛《ごう》構造言語として的確な批判力を持っていれば、その指摘はまさにその通りです。

しかし、原則論から言うと、共通語にもまた、そのように対応する確実な在り方をする性格を持っていないか、もしくは、とても弱い、という現実があるのです。その理由は別の個所で説明しますが、とにかく共通語は、ひらがなとともに構成されるもので、そのつくられ方からして、人間自体のあり方を、概念的なテコにして自立させることを目的にしてつくり上げるようにはつくられていないのです。

日本人においては、人々はどのような場合も、それぞれの人たちの肌合いを身近に感じ合いつつ、身を寄せ合って生活しています。そのため、共通語もまた大概は、その目的に合致するように使われているのです。

それ故に共通語に与えられた、その主要な目的とはすなわち、まずは入学試験や検定試験などで高得点を取って良い大学に入ることとされています。その次の目的は、生活の便利さを得るために、良い仕事につくことです。その実現のために、大方は理数系・工学系などの開発を促進させる分野が選ばれています。文系・社会系においても、静的な知識や技能を磨くための分野が選ばれているようです。そして、そのために、面接などの儀礼的な側面の訓練が重要視されているのです。

たしかに、このような方向を選ぶのも一つの選択肢です。しかし、自分自身を人間として自立させ、他の多くの人たちと対等な関係をつくり、かつ人を選ばないで、誰とでも共生して生きることを可能にする仕事をして、それを実現する職業を選ぶ方向にも関心を向けてもいいかと思われます。

大田はまた前掲書で、次のように述べています。

また標準語というか共通語は、一家にたとえるなら長男であり方言は次男次女である。対外的には次男次女は代表といえないにしても、決して知能指数の劣っているものではないのである。もう一つ言葉をかえていえば、方言とは家庭語である。また血のつながりの言葉でもある。（p.19）

ここにあるように実際には、方言は家庭語としてあり、学校での生活語としてあるのです。家庭語などの習得や習熟は、共通語ではなく、むしろ圧倒的に未だに方言が担っているのです。ですから、人々が子どものころから使ってきた方言でもって、「長男、次男次女」とは何なのかをつかみ直して、その中身を認識し直すようにしたいものです。そして、「家庭語」とはどのようなものかを、方言で考えたいものです。

(3)　文法への関心

次に、佐藤亮一の見解を見てみましょう。彼は、その著作（『滅びゆく日本の方言』）において、「『日本言語地図』（筆者注：国立国語研究所編）に見られる伝統的な方言の多くは、残念なことに、共通語化の波におされて消滅の危機に瀕しているとしています。それでもしかし、『方言文法全国地図』（筆者注：国立国語研究所編）における文法的特徴には、今でも使われている形式（ことば）が多い」（p.4）と解説しているのです。

佐藤はここにあるように、「文法的特徴」に注目しています。方言は、その仕組みが英語とは質的に違っていて、いろいろな空気の介入を喜ぶ仕方での文法が人々を支えています。この佐藤の見解からすれば、方言はその仕方で今日もしっかり生きているのです。そしてこれからもずっとずっと生き得るわけです。佐藤はその例として以下のものを挙げています。

　原因・理由をあらわす接続助詞の「から」には、きれいな地域差が認められる。共通語のカラは、おもに関東地方で使われ、東北地方南部や西日本の一部にも見られる。
東北地方北部では、青森県津軽地方を中心に、ハンデ、ハンテが使われている。
「雨ァ降ッテラハンデ傘コモテ行ゲ（雨が降っているから傘を持って行け）」（青森県）
近畿地方から北陸地方にかけては、サカイが使われている。
「雨降ットルサカイ、行クノンヤメヨシ」（京都）
　この「サカイ」は、中世末期に関西で生まれた表現と考えられ、「さかい」のほか、「さかいに」「さかいで」などの形で、江戸時代に上方で盛んに用いられていたことがさまざまな文献からうかがえる。

（前掲書、p.152）

　日々無意識に使われている「言い回しが支える語調」があり、同様に各種の「言い回しを支える語調」という側面があるのです。つまり、便利に多用される言い回しがあって、それらが、それぞれの方言特有の語調の中で使われています。それが自動化して使われて、そこに語の中味が入ることを弾き飛ばすことが怖いのですが、それでも、いや、そうであるがために、いっそう人々の感情をその地域の情愛がこもったものへと、ゆさぶり刺激するのです。富山弁も、その持つ語調は特有で、この抑揚をもった音調の中で使われます。そうすると「サカイ」は、富山弁特有の「理由」を表すものとして理解されるのです。そこでは富山弁が自動化する中で人々を特徴づけているのです。

他の自動化しやすい富山弁からの例をいくつか見てみましょう。

なにしとんが（け）、はよせいま
行ってこられ、行かれ
さっ　なんけ
かっ　なんか
きぃつけられ
そんなもんしらんちゃ
なんなん
なーん、しらんが
かたい子にしとられ
こうたが
何にされんがけ

そんなが、いやーながやちゃ

これらの言い回しが独特の語調を持って発せられるのです。時に強く、時にやさしく、時にこわく、時に弱々しく、それらの語調が出されるのを聞くと、ああ、この人は「富山の人」だなとすぐに分かるのです。

これらの語調とともに出される言い回し、それにともなう気性や気持ちの表れがポイントです。この心情はまずは百年たっても消えないし、その後数百年しても生き残ると思われます。ですから、富山の人たちは、その多くは何ら客観的な理由がないのに、そんな音調と言い方に引け目を感じ、これまでの思いを引きずり、それにとどまらず、自分のどこかでこれからもそのように感じるのではないかと思われます。さらにいえば、そのように感じている人であれば、そのことばを声に出さなくても、そのような気性の自分であるが故の言いようのない重さが感じられ、その思いは消えないことになるわけです。

すなわち、日本人では、その生き方をつくる上では、人々は、明治期以前に慣れ親しんできた、各地の地域方言を中心にする心性に未だに包まれて生活しているのです。いったんどこかで入り込んだ傷があれば、そこから卒業して生きてはいないわけです。

そのため、明治期以降につくられた共通語の使用は傾向として、基本的に道具でしかないのです。それは、各分野における知的な能力獲得が主要な目的なのです。静的な思考能力を得るための小道具なのです。ですから、共通語はそれぞれの人間においては、つねに方言に遠慮していて、それを突き破ることで、人間のあり方を構築し、その自立性を獲得する域までを求めるものには至っていないのです。

2　生活語

方言について、井上史雄・木部暢子編著『はじめて学ぶ方言学』は、どのように見ているのでしょうか。井上はそのことを説明すべく、藤原与一の文章を引いています。

方言は、そうした地域社会の日常生活において形成された「生活語」なのです。「生活語としての方言」について藤原（一九七九）は、次のように述べています。

方言は、混然とした一団の言語生活である。地方語の一事象をとらえてみても、それには、その言語団体の、方言生活の感情がこもっている。（藤原一九四九・一部表記を改めた。）

(p.17)

このように井上は、「方言は、そうした地域社会の日常生活において形成された『生活語』

なのです」と述べ、また藤原の「方言生活の感情がこもっている」という見方を引いて、方言の持ち味を説明しています。

方言は生活語と規定され、そこに感情がこもっているものと見なされているのです。そして、方言はこのような面からきわめて力強く人々を守っているのです。また、そのことを井上も以下のように言っています。

私たちの日常生活は、家族、友人、職場の人、近所の人など、かしこまったことばよりもくだけたことばを使う相手との強固な関係の上に成り立っています。（前掲書、p.17）

この指摘でのポイントは、「かしこまったことばよりもくだけたことばを使う相手との強固な関係」という謂いにあるのです。

それでは、ここにある「かしこまったことば」という表現です。これはどのようなものでしょうか。簡単に言えば、「標準語」であり、「共通語」のことを言っています。これらは私的な付き合いなどにも多用されているとともに、多くの場合、国内外の安定と発展に必要とされ、公的な機関の維持に不可欠とされるものです。誰もが習得し、かつ守らなくてはならない公的に不可欠とされる諸知識に類するものです。いわゆる裃を着た「かしこまったことば」です。

それらの一つに、学校や各種の職場などで習得する知識や技能があります。二つには、学校や諸組織や国家などの秩序を維持する規則、法規などがあるわけです。

三つには、内輪向けではなく、外にいる人たち向けのことばです。そして、「県外もん」向けのことば、サービスのことばです。

この三種類を含む「かしこまったことば」はきわめて大切なものとされています。しかし井上史雄は、これら「かしこまったことば」は、人間を新しくつくり上げたり、その関係を強く維持するという点では、「くだけたことば」に及ばないと言っているようです。井上は、このようなことを指摘していると思われます。それはなぜかといえば、方言は生活語と規定され、そこに感情がこもっているからです。

このことを言い換えると、「くだけたことば」が示すあり様を克服し、それを内容的に乗り越えた「かしこまったことば」を生み出すことは、日本人には難しいということです。

このことは、日本人の生活には、きわめて古代回帰的な心性と、きわめて先端的な技術革新を求める能力、が共存するという相矛盾した体質が共存することにも現れています。そして、近代化ということに関しては、手続き的な整備がなされることで満足とされ、一定の中身をともなった革新も回避され、それでオーケーとされていることにも見られます。

「くだけたことば」とは方言のことです。これが持つ執拗な手強さについて、友定賢治（編者代表・平山輝男『島根県のことば』）は、次のように述べています。

他県からの移住者が少ないことにもよるが、地縁・血縁の結び付きは強く、それがひいては「島根県人」という県人意識が強いことにつながっており、逆に閉鎖性を感じる人が多いことにもなる。しかし、県内の3地域は、それぞれの歴史が異なることもあり、住民気質も違うことが指摘されている。控えめで消極的と言われる出雲に対し、石見は山陽・九州とのつながりが緊密であるため、開放的で積極的だといわれる（後述）。隠岐は離島ということから独自の生活文化が形成され、古代から遠流の地であり都とのかかわりも強かった。（p.4）

友定の指摘では「歴史の違いによる住民気質の違い」がテーマです。「生活文化」がそれぞれ違うとされています。

同様にこの気質について、室山敏昭（編者代表・平山輝男『鳥取県のことば』）も、以下のように指摘しています。

ところで、NHKはつい最近、一九九六年度の県民意識調査の結果を公表したが（『全国県民意識調査　結果の概要』一九九七）、それによると、内向的で消極的だが粘り強く一徹な因幡と、開放的・積極的だが無遠慮である伯耆という、県内部での対比関係の存することが知られる。性格には、当然個人差があるので、ここには作られた虚像という面があることは否定できない。が、「弁当忘れても傘忘れるな」という言い回しが早くから慣用化している鳥取市と、風が強く鳥取県の商都として栄えた米子市との社会文化史的背景が、両市の人々の生活意識の地域差の醸成に与かっている面もまた、否定することができないであろう。

このような鳥取県民に特徴的な生活意識は、日常のごくありふれた行動に対する規範意識についても指摘することが可能である。たとえば、「うたた寝」の方言を見てみると、山口県や広島県では、「タビネ」（旅寝）あるいはそれから変化した「タブネ」の言い方を用いている。自宅の寝室とは別の場所で「うとうとする」わけだから、たとえ距離は近くても旅に出て寝ると表現した強意比喩には、誇張に基づく笑いの深層心理が明確に認知される。これに対して、鳥取県では、「ソサーネ・ソサネ・ソソネ」などの言い方をする。語源は「粗相寝」である。ここには、他者の目を強く意識した、かなり深刻な深層心理を読み取ることができる。別の言い方をするならば、「うたた寝」という行動に対する複雑な批判意識の現れである。

「うたた寝」というわずか一語の造語心理の背景にも、山陰と山陽という対照的な風土・環境に生きてきた人々の生活感覚の差異が端的に反映しているのである。

鳥取県民は、鳥取県という歴史的な風土・環境の中で暮らすことによって、独自の人間性や文化を形成してきたのである。（p.3）

ここでのポイントは、「『うたた寝』というわずか一語の造語心理の背景にも、山陰と山陽という対照的な風土・環境に生きてきた人々の生活感覚の差異が端的に反映しているのである」にあると思われますが、このことは、「控えめで消極的と言われる出雲に対し、石見は山陽・九州とのつながりが緊密であるため、開放的で積極的だといわれる」という言い方につながるものです。

次に、広島の方言はどうでしょうか。

それについて、神島武彦（編者代表・平山輝男『広島県のことば』）は次のように説明しています。

広島県民の、広島方言に対する意識は、結論的に言えば、自らの方言についてやや肯定的な意識を持っているといえる。一方、かつての文化的・経済的に優勢な地域であった京阪地域や、現在同様に優勢な地域である東京方言に対しても、大きな関心を持っているといえる。すなわち、これらの二大方言に対して、どちらかといえば劣等感に近い意識を持っている。（p.8）

このように、見てくると、福山藩域とその他の地域の間には、大きな方言差を意識する要因を指摘できよう。この要因に、江戸時代における藩制があげられる。しかしながら藩制という一事に、その差の成立要因を求めることはできない。すなわち、ここに示した地域差を示す方言事象の多くは、岡山方言と相通じ合うものであることに注目しなくてはならないのである。福山藩域と岡山県域との間には、小川とか谷合とか山頂とかという地理上互いに接することを阻むものがそれほど多く見受けられない。このような地域上の特性とともに、藩制という政治的力による地域の統合性とが働いて、広島県下の大きな一方言圏域としての存立状況をわれわれに認識させるに至っているといってよかろう。(p.74)

ここで述べられていることは以下のことです。

一つは、自意識がある程度強い広島でも、東京などの地域に対して劣等感に近い意識を持っていることです。

二つは、福山藩域とその他の地域の間には、大きな方言差を意識する要因があるのですが、その地域の特性とともに、藩制という政治的力による地域の統合性とによって、広島県下での大きな一方言圏域としての存立状況を認識させている、ということのようです。

注目すべきは、政治力としての藩制がここでは地域の統合性として働いていることです。

しかし、藩制が統合力として働いていればいいのですが、他地域では、その反対に、藩主同士が親子の関係にあるというきわめて近いものであって、避けられない処でのものであるため、藩制の存在が、単に劣等感のみならず、人間の内面への複雑な支配力もしくは抑圧力として働いていると見なくてはならない側面もあるわけです。

領民の生活のリズムだけでなく、彼らの内面をも支配する生活語です。この生活語としての方言が一旦変調をきたすと、その様子や程度が不明になるため、それを修復することはきわめて困難です。

続いて、九州の方言について見てみましょう。

九州方言研究会によって著された『これが九州方言の底力！』という著作があります。共通語では説明しきれない、方言が担う生活語の多彩性・豊かさが見られます。

大分県のとある家庭。小学校一年生のトモキ君が夕食のカレーライスを前に、お母さんに何か言っています。

「ぼく、にんじんは食べきらん。こんな高い椅子じゃ食べられんけん、もっと低くして！」

そこへ、お姉さんのアヤカちゃんが帰ってきました。

「うち、さっき友達とスパゲティー食べたけん、もー食べれんにぃ。」

「食べ」の後に「きらん、られん、れん」が続いていますね。これらを共通語にすると、す

べて「食べることができない」という意味になります。（中略）

大分県の方言では可能表現はどの言い方でも意味が同じだというわけではありません。可能、不可能の理由（根拠）によって可能表現に複数の言い方があり、それぞれに何らかの意味の違いがあるのです。それが、冒頭の会話にあらわれている、三つの言い方なのです。

大分方言だけでなく、全国の可能表現にはさまざまな言い方があります。そして、多くの地域では、「能力可能」と「状況可能」という二つを区別して表現します。

例えば、宮崎方言では、次のように使い分けています。

a　私や英語を知らんかり、英語ん本なよー読まん。（「よー読まん」は「え読まん」とも言う）

（自分に能力がないために、英語の本を読むことが不可能だ）

b　こかくれーかり、ここじゃ本な読まれん。

（ここは暗いので（本当は読む能力を持っているが）ここでは本を読むことが不可能だ）

aを「能力可能」、bを「状況可能」と呼びます。「可能」という意味・内容を、さらに細かく二つに分けて表現しているというわけです。そのために、共通語と比べると、短い言い方でより詳しい内容の違いを端的・的確に相手に伝えることができるのです。

大分方言の可能表現は、そのうち、bの「状況可能」をさらに二つに分け、動作をする人以外にもわかる「外部の状況可能」と、動作をする人以外にはちょっとわからない「動作す

る人の内面の状況可能」とに区別します。（中略）

(1)　能力可能……動詞（食べ）＋きる／きらん

(2)　外部の状況可能……動詞（食べ）＋られる／られん

(3)　動作する人の内面の状況可能……動詞（食べ）＋れる／れん

大分方言のように意味の下位区分があれば、短い言い方で深く細かい意味・内容が表せます。（前掲書 pp.96-99）

大分方言の「可能表現」の例は、日本人のあり様についてのたいへん重要な指摘です。人間が持つひだの細かさを考えるならば、「能力可能」と「外部の状況可能」と「動作する人の内面の状況可能」とあるように、三種類があった方がいいでしょう。

大分方言で、内面の状況を示す「食べれん」があれば、さらに人生のことに踏み込んで「生きれん」もあっていいと思われるのです。人生とはしかし、苦しくて「生きれん」ことが多いものだけど、それだからこそなかなかに「生きれん」とは言い出せないものでもあるのです。それは、自分に対しても、そして他の人たちに対してもです。だから、そのようなことは忘れたいものでもあるわけです。

九州方言については、この他に次のような表現が見られます。

「土曜日曜は遊べると思うちょったんに、こげえ宿題が出て、あ〜、よだきい！」
「雨が降るけんど、約束じゃきい、行かんといかん。よだきいこっちゃなあ」（中略）

冒頭に挙げた例文の場合、ごく大雑把にいえば、共通語の「億劫だ、気が重い、やる気が起きない、だるい、……」や、関西方言の「シンドイ」といった表現にほぼ相当するといえそうです。

しかし、大分・宮崎の人たちにとっては、もしそういうことばに置き換えたとしても、自分がその状況におかれたときのあの倦怠感、負担感、不満感は、十分表現し尽くしたという実感は得られそうもありません。「よだきい」と言うときのその表情には、深いため息がよく似合います。

ことに臨んだそのときの話し手の心中を忖度すると、「しなければいけない」という意識も自覚もしっかりあるのです。しかし、そう思いながら、否、そう思えばこそ、「何とかしてしないで済ますことはできないだろうか、気が進まない、ああ気が重い、いやだ、この状況から早く逃れたい」と、率直に本音を吐露しているのです。いうならば、自らの怠け心と戦う前から厭戦気分があふれているのです。考えようによっては、じつに人間的な、偽りのない素直な心情表現です。

「よだきい」という方言は、大分県や宮崎県ではほぼ全域で広く使われており、また世代に

よる差もほとんどないといっていいでしょう。それほど幅広く使用されていることばです。（中略）

なお、大分には「ヨダキーズム」という、英語めかしたことばまでできていて、消極的な県民性を、自嘲的・自虐的に評する際によく引き合いに出されています。

（前掲書 pp.92-94）

九州では他にも以下の例が見られます。

(a) 最近、宮崎の若者の間で「雨やこっせん？」というように、「〜こっせん」という新しい表現が使われ始めました。（中略）

宮崎の「〜こっせん」は、厳密には多少の違いがあるものの、東京の「おもしろいじゃん」の「じゃん」や関西の「おもしろいやん」の「やん」と似ています。「じゃん」や「やん」は全国の若者に支持され、いまや全国各地に拡がりつつありますが、あたかもそれに対抗するかのように、宮崎では独自の新しい形式を生み出しました。それが、「〜こっせん」なのです。

（前掲書 pp.24-27）

(b) 佐賀県内の店先でのこと。買い物客が店の主人に品物を指し、「これを下さい」と言うと、「なーい」

という返事。お客は「有るじゃないかっ!」とかんかんだったとか……。
と、これは、佐賀では、「はい」という返事を「なーい」と言うという知識から生まれた「有ってもなーいの佐賀ことば」としてよく話題になるエピソードなのですが、実際にはこんな誤解は起こりません。（中略）
「はい」という返事を表す「なーい」は、佐賀を代表することばです。東北にも同じような表現があり、方言の伝播、変化を考える上で興味深い事例です。
（前掲書 pp.36-37）

(c) 九州の西南部の方言には、「っ」や「ん」がやたらと登場します。ああ、思い起こせば二十数年前、私がまだうぶな学生のころ、初めての方言調査で長崎県五島市（旧福江市）に行きました。そこで、調査に協力してくださったおじいさんが、次のことばがわかるかと言ったのです。
（二）みんの　みんに　みんの　いって　みんの　みんの　いたか
さっぱりわかりませんでした。これは「右の耳に水が入って、右の耳が痛い」という意味です。「右」も「耳」も「水」もすべて「みん」になっているのです。（中略）
九州西南部の方言では、「右」も「耳」も「水」も「みん」、「柿」も「書く」も「勝つ」も「かつ」ですが、これで十分、意味が通じます。その背後には、しっかりした音変化のルールがあるからです。このルールはその地域によって違いがあり、ここから方言の多様性が生み出されます。
（前掲書 pp.58-62）

ここで、方言についての一つのまとめをしてみましょう。

方言はそれぞれの地域のそれぞれに違った感情や感覚を表し、気質などもあらわに見られる生活語です。それぞれの地域によって異なる生活文化です。ここではしかし、次のことを付け加えておくべきと思われます。

いろいろな情や思いのひだを伝える方言とは、無味乾燥な共通語と違って、情の深さや微妙さをうまく使って、友人との近さをさらに引き寄せてつき合うことができる、そのように優れたものということです。

方言を使って友人との親しさをさらに深めることに有効です。そのような面を持っている点ではプラスに働きますが、しかしそれ故にそれが、何かの拍子で途轍もなくマイナスにも振れることもある面を持っているものなのです。

たとえば大分では「ヨダキーズム」といったことばまでがつくられていて、これは消極的な県民性を、自嘲的・自虐的に評する際によく引き合いに出されると指摘されています。

日ごろ消極的な気質がよいとされていれば、緊張したり、危急な折や知らない人たちがいたりする際には、その控えめさが一層大きく引っ込み思案に出る傾向があるということです。

そして、日常的に活発に動いている地域であれば、表立った場合や何かという場合は勿論、どんどん押してくるわけです。控えめでも、活発でも、一定の緊張を要する際には、それぞれの性癖がその性格に応じて、硬直し、儀礼化して出される、場合によっては大きく惰性化して示される傾向が強いということです。

この二つの差については、また次のようにも出るわけです。

自分たちのことを、自嘲的・自虐的に評している地域では、どのような問題点や欠点がそこにあっても、その傷口を広げず、見て見ぬふりをする傾向が強いことです。自分たちに自信がなければ、口はつぐんだままでしょう。これに対して、果敢に動いている地域では、そのような傷口があっても、それくらいは、どうでもない、たいしたことではないとして、見過ごす傾向にもなるということです。

続いて、方言とはどのようなものかについて、小林隆（編者代表・平山輝男『新潟県のことば』）による見解を見てみましょう。

ある夏、久しぶりに開かれた高校の同窓会に参加した。懐かしい顔に接すると、自分でも自然と方言が口をついて出るのがわかった。

「おまえ、元気だったかね。」

「元気だこってね。」

私の耳には、地元に残った仲間よりも、帰省した同級生の方がかえって積極的に方言を使っているように思われた。方言はふるさとと自分とを一体化させてくれる結合装置のようなものである。方言で話すことで、それまで別々の世界に離れていた仲間は、ふるさとというひとつ世界の内側に抱かれることができる。方言とは、「たびのもん」にとって、もはや単なる会話の道具ではない。心の深いところに通ずることばなのである。

一方、旅に出ると、初めて自分の方言に敏感になることができる。今まで思いもしなかった言い方が方言だとわかり驚くこともある。「こけ（＝きのこ）」「とぶ（＝走る）」「かけられる（＝先生にあてられる）」などは、その典型であろう。

あるとき、家族のあいだで正月の雑煮の作り方が話題になった。直江津では、餅は焼いてから雑煮に入れる。一方、家内の実家、静岡では餅をそのまま煮込む。その習慣の違いを、私は母に説明した。

「静岡じゃ、餅はやかんでにるんだわ。」

ところが、この発言が妻から猛攻撃を受けることになった。「薬缶で煮る。」私のことばがそう理解されたのだ。打消しの言い方に関して「〜ない」地域の出身である妻は、「やかん」が「焼かぬ」の意であるとは思いもよらなかったのだ。日本と外国とのコミュニケーションギャップが話題になるが、そうした問題は日本語内部の方言間にも潜んでいる。（p.254）

ここでのポイントは以下にあると思われます。

「方言はふるさとと自分とを一体化させてくれる結合装置のようなものである。方言で話すことで、それまで別々の世界に離れていた仲間は、ふるさとというひとつ世界の内側に抱かれることができる。方言とは、「たびのもん」にとって、もはや単なる会話の道具ではない。心の深いところに通ずることばなのである。」

新潟出身の小林隆です。彼は、「方言はふるさとと自分とを一体化させてくれる結合装置のようなもの」と指摘しているように、方言の働きはまさにその通りのものです。つまり、「もはや単なる会話の道具ではない」ということです。

3　方言って、良い物、都合の悪い物？

(1)　家庭生活そのものとしての方言

堀田善衛（『上海日記　滬上天下一九四五』p.112）は、日本というものについて次のように記しています。その上でまた、一九四六年に以下のような詩（『前掲書』pp.324-325）を残しています。

上海に来て僕の感じたことのうちで大きいことは、日本人といふものは、余程特異な存在であるといふことだ。その風俗習慣、物の考へ方に、国際的に共通、意識共通なるものは殆どないといふこと。しかも世界の如何なるものをも理解出来るらしいといふこと。これはともあれ余程特異な人間の集まりである。余程——特異なのだ。

……………………

日本

日本よ
お前は己をじつに喜ばせ
己をじつに困らせる

日本よ
お前と己とは
どこへでもゆくのだな
日本を全身にもつて
たとえ己が計略図にあたり、ポルトギスのパスポートを
取らうとも
どうにもならぬ日本よ

筆者も日本人と欧米人を比べれば、日本人はよほど特異な存在だと考えています。

筆者が高校を卒業して上京する際に戻って想像してみれば、その時は少しも気づきませんでしたが、筆者は「旧富山藩領」の人たちが経験し、その後の人たちによって引き継がれた心性を背負って上京したように思われます。というのは、上京した第一年目の夏（ＥＳＳの夏季合宿）に、周りの人たちの指摘で、筆者は富山弁でしゃべっていることが初めて理解できたのです。「ああ、オレは富山弁でしゃべっているんだ」とその時に理解させられたのです。

そして、その富山弁はしばしばとても荒く乱暴に響くものだと認識させられたのです。そのことがあって、東京には自分の話す言葉を理解してくれない人たちがどこかにいるんじゃないかと思うと、その後は不安でした。この不安は少なくとも四年間続いたのです。

旧富山藩領としたのは、越中は分藩に際して、高岡城を中心とした広域の加賀藩領と魚津や黒部を中心にする、これも広域の加賀藩領と、その二つの間にはさまれた、ごく狭い地域に富山藩領が置かれたことを明確にするためです。越中は、三分割され支配されたのです。

そのような思いもしない出来事があったことから、上京した第一年目の夏に、富山弁ってどんな方言か知りたくなったのです。当たり前に普通だと思っていた筆者の言語がどうして乱暴だと、言われなくてはならないのかです。その時から、変なもの、とされる、方言探索への旅が始まりました。またこの稿で、筆者が「富山弁」というときは、この旧富山藩領を想定してのものとご理解ください。越中旧加賀藩領では多少というか、大きく事情がちがっているのです。

その出来事以前までは、共通語がどんなものかという意識は筆者にはどうも見えていなかったようです。富山弁しかしゃべっていなかったからでしょう。そうです、筆者から見て相違があるとすれば、英語を中学一年生の四月に学び始めたのですが、その英語と日本語が大きく違ったものという感覚を中一の六月ごろにはすでに持っていたということのみです。

英語と日本語の間に違いがあることは、私を大変不安にさせていました。しかし、その時までは、方言と共通語との間に大きな溝があるとは分からず、その違いはどんなものか分かりませんでした。そしてまた、富山弁という方言があって、それが共通語とも全く違っていて、そのように違ったものを私がしゃべっていることを知らされたときは、限りない不安を感じたものです。

方言とは、それぞれの地域が持ついろんな空気を十分に吸い込んで、その地域の人々をその空気でもって育む言語であって、それは次のものです。

つまり、方言とは、それぞれの地域が持つ弱さや強さ、良い点や悪い点、寂しさや楽しさ、優越感や劣等感などすべてをないまぜに吸い込んで働くもので、ふと思った時にそれらが無意識に、そして意識的にも人々の振る舞いにも現れ、かつ、その地の人たちの品性として備わったものです。

富山弁でいえば、たとえば、「かたいもん」（行儀がいい）、「こうりゃくする」（手伝う）、「うしなかす」（無くす）、「だいてやる」（出してやる）、「みゃーらくな」（のんきな）などが上げられますが、大きくは富山弁自体にプライドが持てないとか、自身の出自が知られるのはまずいなどの理由で、これらの語彙が近年使われなくなってきている傾向があるのです。それでも、これらが使われていなくても、これらの語彙や、それが持つ感情が示す形で、富山の人たちはそれぞれの日常を親や親族との接点でいろんな振る舞いをしながら過ごしているのです。

（注）ここで、たとえば「だいてやる」ですが、これは（出してやる）と説明をつけていますが、この種の言い換えは便宜的なものでしかないのです。というのは、他の何にも当てのないところに置かれた人々から見て、良いにつけ悪いにつけ、それがまた自分が使っている方言がもつ思いの通りに事が進むとは限らないのですが、それでも、具体的に実感し、安心できる関係がすでにそこにあると思える、そんなところに生きる言語、それが方言だからです。

ですから、「だいてやる」は、人々の間にこの関係があって生きるのです。「だいてやる」と（出してやる）とは等価ではなく、置き換えることができない関係にあるのです。

このため、下手にこの関係が現代語に言い換えられ、方言「だいてやる」がもし消えたりすると、具体的に実感できる関係が貧しいものであれば、それがそのまま人々の内面に取り残され、それを実際に引き出して、それを自分のことととして、是正するというようなすべがなくなってしまうのです。嫌な方言体質だけが残って、その正体が分からないままに終わり、自分の体質がどんなものか見ることなく、蓋をしてしまうことになるのです。

つまり、昔話は方言でしか味わえないのです。現代語化された昔話ではダメなのです。現代語では、方言で背負ったものを味わい、見直す機会が奪われてしまうからです。過去に背負ったものは方言でしかつかみ取ることはできないのです。

とにかく現代語の（出してやる）は、ここに示した関係がなくても広く理解されるのです。えこひいきし嫌な先輩からその時たまたま「だいてやっちゃ」と言われるとしたら、良くも悪くもこの人も富山のもんだという気質が見出せ、以降の付き合いにも余裕が出るのです。

ですから、「かたいもん」は誰に言われなくてもその家の空気に一つにとけて、子どもたちは親の一部になって身体がスーッと動く者のことです。親から「かたい子」と必ずしも言われなくても、子どもたちは日々そのように励んでいるし、その都度また、子どもたちはいろいろなことで、親の「こうりゃく」もしているのです。そしてまた、その生活の仕方の卑下した生の姿を示す語彙に「ざいごのもん」があります。

この「ざいごのもん」ですが、これは、単に向こうの町に住んでいる人々のことを指し示しているわけではないことを、富山市生まれの吉崎四郎（置県100年記念出版『越中人のこころ』）は次のように説明しています。

たとえば、「おらっちゃみたいざいごのもん」という言い方をするとき、それはただ「私たちのような田舎の者」というだけの意味ではなく、どこか自分を卑下した鉛のような鈍いひびきを伝える。

確かに、在郷町とは城下町に対する概念で、明らかに加賀百万石、あるいは京の都や江戸八百八町へのコンプレックスをはらんでいる。前田家の直接の支配下にあった百姓たちよりも四分六分で余計に年貢米を納めなければならなかった富山の人たちが、都や城下町をあこがれたのもむりはない。

このような鉛色の劣等意識は、期せずして越中特有の方言に表れてくる。私たちが重い荷物を持っていて、だれかの車に乗せてもらいたいとき「車に乗せてちゃもらえんまい」と言うし、消しゴムを借りたいときでも、「ねえ、消しゴムちゃなかろオ」といった他の見方をする。素直に「車に乗せてください」とか「消しゴムを貸してください」とはなかなか言えない。自分が車に乗りこめる余裕があることがわかっていても、相手が消しゴムを持っていることを知っていても、ついこんな半ばあきらめたような言い方になる。語義どおりに正確に解すれば、「車に乗せてはもらえないですね」「消しゴムはないでしょうね」ということだから、これは質問であって依頼の言葉にはなっていない。初めから自分はダメだという姿勢だから、こんな人生の暗い影を背負っているような表現になってしまうのではないだろうか。

その証拠に、わが県民で「この土地の言葉が好き」（三十三位）と答えた者の数が少なく、「標準語が話せなかったり、地方のなまりが出るのが恥ずかしい」（六位）者がかなり多い。言葉遣いひとつ取ってみても、どうも郷土に自信と誇りのないことがわかる。

（前掲書 pp.95-96）

ここに「このような鉛色の劣等意識は、期せずして越中特有の方言に表れてくる」という指摘があります。これはまさに、越中方言には単に言語を超えて、その次元に終わらない、その裏に内面深くどす黒いものが潜んでいることを物語っていることをいいます。

普通に人は、自らの内面分析はできないし、それをある程度、または、無意識に理解しているとしても、自分の内面の歪みがどのようなものかを正直に言い表すことなどは到底できないのです。そしてそれができるとしても、余計に惨めにしかならないこともあるのです。

それでももしかし、ふとした時に、そんな嫌な方言が思わず知らず出てしまうものなのです。

嫌な方言だと思いつつも、いじけた表現を使ってしか他の人に物を申すことができないのです。

「ねえ、消しゴムちゃなかろオ」というこの表現です。これを昭和三〇年代のクラスの友達に筆者が実際に使っていたのです。そのことを吉崎のこの指摘が思い出させてくれ、とてもびっくりしています。

当時筆者はこのような感覚を知らずに育てていたのです。なぜにそのように気の弱い内面であったのか、その辺のことは全く思い当たらないのです。このような心性に抱えられ、おずおずしながら、筆者は上京し、それでも荒っぽい方言を使っていたことになります。

吉崎は「明らかに加賀百万石、あるいは京の都や江戸八百八町へのコンプレックスをはらんでいる」と述べています。当時は、このコンプレックスが筆者にあるとは思わなかったし、あるとしても、それはどの程度のもので、何に起因しているのか少しも分からなかったのですが、上京一年目早々には、筆者は新しい環境に入って人間として変わって積極的でなくてはならないと大きな決意をしていました。

方言とは言ってみれば、その家族がその地に流れるどんな空気と言語を呼吸して生活しているかという、その生活の仕方に見られる日々の言語に関わる様なのです。さらにまた、それぞれの学校や教室でどんな地域習慣や地域言語を大切にして子どもたちが日々を過ごしているかという、その過ごし方に現れる、日常の言語を中心とした様子といっていいのです。

問題はしかし、それぞれの地域に歴史的に見られる、生活の仕方や日々の過ごし方がどのようであったかが大事なのです。それら種々のプロセスにこそ、不安や劣等感が入り交じったり、その反対の自信が生まれたりするのです。そうしたプラス面やマイナス面などいろいろなデコボコを含めてその地域であり、日本なのです。

日本よ
お前と己とは
どこへでもゆくのだな
日本を全身にもつて

と、堀田善衛が書いたように、それぞれが生まれた田舎があるだけでなく、それを超えた日本の自然の働きがあるのです。そして、それらが発するリズムやそれがもたらす陰陽に誰もが全面的に耳を傾け、呼吸するあり様に、取り込まれた人間、そんな人間、を育むように周囲の空気の変化に調和して働く方言があり、和語《わご》があるのです。

ほとんど無意識に身に着けた田舎であり、自然がもたらす貧しさや息苦しさであり、明るい色やどす黒い色などに包み込まれています。

ですから、それがどんなものか分からないし、それ故に、地方人としても日本人としても、そこから抜け出られっこないのです。そのため、国内外のどこに行くにも、好きと嫌いとを超えて、日本人はそれを持って歩くしかないのです。それが、地方人、日本人のさがなのです。でもどうしてこのようになるのでしょうか。それを一口で言ってみれば、訳読して、漢字も海外の諸民族をも理解できると妄信しているからと言ってよいでしょう。

(2)　本質的には変化しがたい方言

今日また、富山弁はかわいいものと言われているようです。しかし、昭和二〇年代、筆者の子どものころですが、その当時に聞いた富山弁は時にとても恐ろしく響くものでした。脇で大人たちが使った富山弁に震え上がったときもあったわけです。時代の趨勢で富山弁から怖い要素が抜け、時代とともに変化し、今やかわいいとされるものになったようです。

しかし、怖い方言についても、それがなくなって、かわいい方言になったわけではないのです。怖い富山弁については、それが一時的に抑え込まれただけなのです。そのような変化が起きたのはなぜかと言えば、時代が要請していたからです。

方言が変化していく側面を持つとともに変化しない側面を持つことについてはまた、別の観点から吉崎四郎は前掲の『越中人のこころ』で次のように説明しています。

少しおおげさにいって、かりに常願寺川と下条川のあいだの地域を「呉中」と呼ぶならば、呉中地域の県民意識は、徐々にではあるが、呉東、呉西に先がけて変わりつつある。ちょうど、なかば植民地化した東京に、日本人の個性がうかがわれないように、呉中では越中人のこころが、よい点もわるい点ももどもに失われつつある。これは時代を先取りして文明化していく都会の宿命なのかもしれない。

現代社会が激動と混迷を深めるなかで、呉中を突破口にわが県民の意識がある方向へと動き出しているということは、わが郷土の未来にとって大きな危険性をはらんでいることを意味すると同時に、二十一世紀へ向かってはばたくわが富山県に計り知れない可能性があることをも示唆していると思う。（p.201）

とりわけ、県民意識と県民性はしばしばあいまいに混用されている。県民の特質ということと県民の気持ち、つまり感じ方・考え方とは少々おもむきが異なる。ふだんの意識が年月を経てこり固まると一定の性質を帯びてくるわけで、意識をそのまま性格と同一視することは、にわかに賛成できない。よきにつけ、あしきにつけ、県民性はかんたんに変わらない。また、変わる必要もあまりない。しかし、性格は変わらなくても、意識は変わる。（p.205）

吉崎が「呉中では越中人のこころが、よい点もわるい点ももどもに失われつつある。これは時代を先取りして文明化していく都会の宿命なのかもしれない」と説明しています。この点が一つのポイントです。

これは昭和五八年当時の見方ですが、二一世紀に入っても、確かに、富山の人たちの多くが都会並みにすれているのが気になります。このことを可能性と見ることができるかどうかは疑問です。また、吉崎の見解と違って、呉西でも呉東でも、思いもしないことに手を出す人たちが増えていて、以前悪く言われた、みゃーらくもんは確実に増えています。

でも、このみゃーらくもんは、行政が敷いた路線に乗ったところで特色のあることをすることが多いようです。この点では、行政サービスを良しとするもので、行政から見ると、そのサービスを頻繁に利用する人たちで、良いお客さんなのです。そのため、そこでは、市民や住民自体が自発的に持つパワーが引き出され、発揮されていないことが問題です。

そしてもう一つのポイントは、県民意識と県民性は混用されている、そして、意識は変わるが、性格は変わらないと吉崎はいっている点です。筆者から見ても、意識の上では、都会人のそれのようにすれて、そっけない人たちが増えていますが、性格の上ではやはり変わっていないようです。

いろいろな理由がありますが、最も大きな理由は、共通語は基本的に社会的に良い仕事をするための道具だからです。それは主に、新しい知識や情報を獲得するためのものです。そのような性格を強く持つ共通語です。ということは、それで持って人間が生きる意味を見出すように使うことは難しいことと、底流で働く「惰性化した富山弁支配」の位相がつかみにくいため、それが持つべき課題が見直されず、置き去りにされているということです。
つまり、他面から見ると次のようにも言えるのです。日頃付き合いの少ない人たちを前にして、とかくそっけなく、おどおどしてしまうことが多いのですが、このようになるのは、いつも衆を頼んで自分の内面の安定をはかって満足しているからです。そのような人たちはまた仕事上、道具化した冷たい共通語を使うことが多いために、親しみが欲しくなって、方言にがむしゃらにしがみつくのです。それが、歴史的に見れば、家族や友人たちなどとのしっくりした関係を、時にスムースに、そして時にぎこちないものを、緊密につないできているものとなんとなく感じているからです。そして、方言はどの地域においても、その地域人そのものとしてあるからです。この方言が、それぞれの地域でなされている山車《だし》祭り、獅子舞、民謡、歌謡曲、特有の自然や地域史などと絡んで、人々の内面を豊かに支えているのです。

これに関して、真田信治（『方言は気持ちを伝える』）は、次のように指摘しています。

方言記録の重要性
日本が空間的なひろがりをもつかぎり、日本語に地域的なちがいが存在するのはごく自然なことです。しかし、そのことと、それぞれの地域の伝統方言が保たれるかということとはまったく別なことなのです。（p.138）

同じ地方の方言でも、コミュニティによって、あるいは家族や個人によって、その内容は微妙に異なっています。じつは「方言」を厳密に定義することはとても難しいことなのです。これからますます多様化していく社会の中では、結局、個人が自分らしさを発揮したい、自己主張したいと思うときに使うことば、それが方言だとわたしは考えます。その意味では、方言は永遠に不滅なのです。（p.193）

真田はそのタイトルにもあるように、「方言は気持ちを伝えるのです」と指摘しています。しかし、そのことは質的には「標準語を話せるという前提があり、その上にバラエティとしての方言」ではなく、その反対の、方言を話すという前提の下の標準語なのです。標準語前提は、多くの場合建前上ということです。国家施策として設定されたもので、その施策故に、各地の方言が壊され、はなはだしく方言離れした現象をもたらしているのです。

質的に言えば、方言とは、「個人が自分らしさを発揮したい、自己主張したいと思うときに使うことば」ではなく、人々が置かれた土地の歴史や風土の色彩が発する気持ちを運ぶものです。それを、生活を通して習得し、伝え合うことで自分たちになっているのです。

そのような土地の言語を通して、人々は生活しているのです。その点では、人々は方言を話してしか日常生活を生きることができないわけです。それほど根深く根底的なものなのです。ですから、その後の流れに標準語が混じり、それによって方言が大きく壊され、内面が方言で説明されなくなり、方言体質が空回りし、他の人たちとの交流が難しくなった面があるのですが、それでも、地域によっては、次第にそれを違和感なく使うようになったわけです。

しかしここに問題があるのです。今指摘したように、人々は土地の言語を話して生活してその地の人になっている、ことが了解されれば、その土地に習慣的になされてきた民俗性、お祭りや踊りや各種の風習、そしてものの考え方などに一体化して人々はあるということになるのです。

このように考えれば、その土地の人たちがするのと同じように振る舞うことが暗黙に求められている、ということになるのです。その土地の人たちが日ごろ持っている「気持ち」があるのです。とすれば、その気持ちと合わないことはなかなかにできなくなるわけです。「個人が自分らしさを発揮したい、自己主張したいと思うときに使うことば、それが方言だとわたしは考えます。」

このように真田はいっています。しかし、方言が、依然として惰性的に使われている社会では、自分が望むことは何一つできなくなる恐れがあるのです。

知らず知らずに必要以上に自分を閉じてしまう、その正体が不明なのですが、自由に何かできないと思いつめると、いつも暗い心性になり、これが、富山の人たちの、一歩引いて振る舞うか、黙っている方が良いという思いにも重なっていくのです。ここで、富山の人たちの思いに関していえば、本能的に、そして無意識的に、他の地域のものたちとは混じり合いたくなく、何事にもオズオズせざるを得なくなるのです。

それは「旧富山藩地域にずっと話されてきた富山弁」のせいなのです。地域の歴史、属国として過ごした時間が強いたが故に、抱かざるを得なかったのですが、内輪のみで過ごす方が安らぐのです。そのような思いに留まるのは、うちに閉じ籠って、他の地域の連中には知られたくないと思うからです。

このこともあってか真田は、差別、排除にかかわるものは、保護すべきものではないと指摘しています。そして吉崎の指摘から見ても、小藩の身としては、大藩によってこの種の被差別感を感じて来たと推測されます。小藩内でどんな事件があっても、何も言い返せず、その地域の領民も内面的、心理的に抑圧されてきたわけです。明治初期に廃藩置県があっても、それによって、その地域の領民の内面に受けた重苦しい違和感は少しも癒えていないのです。忘れられているようでいて、決して忘れられないのです。

その傷は何が原因かということは多くの人たちには少しも分からないのです。何か引け目を感じ、じくじくすることがあっても、それについては人々の内面深くに押し隠しているのです。可能ならば忘れていく方が良かったかもしれません。しかし忘れようとして忘れられないわけです。では、このじくじくした状態からどのようにして抜け出るかです。

この点では、明治期に全国的に推し進められた「標準語化政策」は、人々の内面の居所を不安にさせ、追いたてたことは事実ですが、他面では、富山県にとっては一つの救いであったと思われます。方言によるハンデを脇に置いて自治体次元で郷土が求める政策が着々と行使され得たからです。

これまでも、そしてこれからも、常に移ろいゆく時代だと思われます。そのように、それぞれに変化する時代にあっては、それぞれの時代の要請があるのですが、それらについては、真田信治は前掲書（『方言は気持ちを伝える』）でまた、以下のように説明しています。

明治以降、日本語はひたすら均質化される方向にすすんできました。方言撲滅をめざした国語教育、標準語奨励運動がその典型です。この均質化は、実質的には、教育によってではなく、マスメディアによって完成の域に達しました。わたしは、それは一九八〇年代であったと理解しています。

そして、均質化の完成と同時に、方言の地位向上、格上げ現象が目立ってきました。もちろん、方言の格上げといっても、それは標準語をやめて方言にもどそうということではなく、あくまでサブカルチャーとして方言を活用しようということです。東京語を話さないようにしよう、ではありません。標準語としての東京語を話せるようになったからこそ、方言を見直そうという運動が出てきたのだと思います。（pp.78-79）

このように指摘されていますが、現代における人々の心情や感覚は、共通語と、狭い範囲に根づいた方言との混じり合った形にあるのです。そしてむしろ、この後者の方に自分自身と思えるものがあるわけです。

それはつまり、敗戦後の傾向として、一つは戦前までの標準語化政策の行き過ぎが見直され、各地方中心の時代へと移行してきている側面もあるのです。

二つには、多くの地域ではそれら田舎には、実は取り立てて何もないのですが、それでもなお人々を励まし、癒し、その性格に他地域には見られないひだを増やし、そのことで深みをもたらす、そんな魅力が一杯あり、それが呈する色は自分自身であると思っている側面が大きいからです。

この二面ですが、これが方言へ、以前とは違った方言の姿へと人々を回帰させているのです。富山弁がかわいくなったようです。その理由は、富山という地域に関して言えば、全国を、その広がりを意識する時、その劣勢が強いと富山の人たち自身が思っていることによると思われます。かわいくならないと、大都市から遠隔にある地方の田舎は魅力を失い、富山に興味をもつ人たちから褒められないからであり、さらには、地域史的な側面でプライドを持てないか、もしくは僅少だと思っているからです。

これについて、旧富山藩領での出来事を考えてみましょう。今も富山の人たちの多くが自慢せず、ほとんど話題にもしないのは、街中にある富山城についてです。それは金沢藩の属領で、その支配から外へと抜け出られず、その上富山藩が貧しかったことから、藩と一体になって、その藩を誇りにして生きられなかったことにあるのです。さらに人々は、売薬でも自慢したいはずです。しかしその売薬業をもまた自慢しないのです。

この売薬業に関しても、今日人々はきわめて冷たく無関心です。本来は、富山が売薬で有名であったとすれば、もっと関心が高くていいはずです。でも、人々はそれについてもっと知ろうとはしていないようです。とすれば、そのことはとても寂しいことです。

(3) 他の人たちから浮き上がったことはできない

他の人たちから浮き上がったことができないのは基本的に、人々にはその気持ちを合わせて生活できることが良いと思って生活していることにあるのです。

一般に方言は方言体質とペアで働いています。問題なのは方言が抜けても方言体質はしつこくくっついて人々を支配していることです。たとえば、田畑の作業をみんなで力を合わせてして共同の実りを得ています。みんなで同じように耕す、ここにポイントがあるのです。それをしないとみんなから白い目で見られるわけです。厳しいものです。

ここから判断して、家庭や学校だけでなく、各種の企業組織でもまた、それぞれの仕事が、各々の組織の基礎において既定のルーティーンでなされているとすれば、それらも地域ごとに違った方言体質に根差しているということです。すなわち、各地域の方言体質が潜んで働き、標準語で運営されている近代的とされる諸企業を見えない形で支えていることになるのです。

これらのことは、既定のある流れに身を任せ、受動性において気持ちよく作業することが好きとされる場に見られるわけです。ここではやはり、浮き上がったことはできないのです。このため、このような体質の環境でうまくやれる人たちがいる一方、違和感を覚え、いじめの対象にしたり、される人たちも無数に出るのです。

これに対して方言体質を追い出すには、一定の結果を出すにも、各々のペースを認め、その発想で作業するというように、全く違った意見を尊重するやり方を基本とすることです。

このように気持ちが伝わる方言が是認されるとは、構成員から見て、煎じ詰めると、内容的な合意が一切なくても、つまり、なりゆき次第に動いても仕方がないとしていることを示しています。それは、その場が昔から習慣的に良しとしてきた雰囲気に帰ることに安心感を持っているからです。また、いろんな慣行や固定観念などを含め、その地域史、生業《なりわい》とともに家族史がどのように推移して来たかでも、人々の振る舞いが左右されますが、それでも良しとすることでもあるわけです。一方でみんなの気持ちが大切にされつつも、他方では実際はそうは行かないのが方言が働く社会の外観です。

それでも、それぞれの気持ちがどのようであるかを探ること、そのことが、日々の人々の付き合いのポイントです。人々は互いの気持ちを忖度し合って付き合っているのです。これまでの流れを見れば、この社会のあり様としては、ある程度のまとまりがあって、秩序ある形でやってきた面もありますが、しかし、地域によってはその忖度が空虚な忖度でしかないことがあまりに多いのです。そのために、人々の関係は、表面でも裏面でも冷たく、互いに対して無関心で、他に期待しないのです。そのことから、近年では内面に混乱状態が顕著になっています。

それでも、今の時代もそうですが、社会の根幹を支える点として、人々の心情や感覚がつくる位相を巻き込んで、根底的には、地域社会を締め付けるものとして、見えない形で強力に働いている地域的な、もしくは地域権力的な土台があるのです。

さらに、地域的な土台は戦前までは、旧民法などによって上から強く抑え込まれていたため、その弊害は甚だしかったのですが、支配形態としては決められていたのです。しかし、新憲法の時代に入って大きく前進した面はあっても、上からの抑えが取り立てて見えにくくなっている近年では、空しく漂流したり、無益ないくつもの軋轢があって、荒れている面が大きくなっています。

一九七〇年代以降においては、さらには、働く職場や学びをする学校などでの、労働環境や学習事項のいびつさや、人間関係の複雑さ、そして虚しさに疲労困憊する人たちが急増している現状にあるのです。

　このために、それらの空しく、表面的な人間関係を和やかにしようとして、そしてまた、労働環境自体がきびしくなっている現状にあって、その雰囲気を一時的にしても楽しいものにしようと、方言が好まれるようになってきている面があるわけです。


　富山の方言では、一面では内輪での具合がどのようであるかに気を使われますが、他面では他の家の奥の様子ははかり難く介入し難いのです。

　そのようなことから、表向きが何でもないことが良しとされてもいます。そのため、内輪以外の事柄の成り行きがどのようなのかと、その中身に関心を向けることがきわめて少ないのです。

　また、多くの人々は仕事についている時は事の論理が優先し、そのノルマのために頑張って働いています。そして、そのように働いている時や時代では、仕事優先です。しかし、それ以外の私生活では、自分についても、そして他の人たちについても、その表面のみを見て、それぞれの内面がどんなことに悩み苦しんでいるかなどについては見ようとしないのです。そのように表面や外見を見て良しとするのは、方言が人々に求める常として、その習慣として他の人たちと取り立てて違った風に振る舞うことは良しとされないからです。

　ですから、いろいろと改善しなくてはならないことがあると感じていても、ほとんど人々は人々の外見に問題がなければ、それで良しとするのみで、その中身にどのような問題点があっても何もしないのです。一人だけ出しゃばったことをすることは許されないと思い込んでいるからです。それでできないのです。街や人々の様子が停滞し空虚であっても、我関せずで冷たく、何の話も進めようともしないのです。

つまり、多くの日本人の内面は傾向として、良い風を待って働くというように、多彩に変化する受動性の中で動く、言い換えると、周囲に吹く風があって、その良き受け手になるように育つ性格のもののようです。

多くの場合そのために、どのような空気が吹いてくるかを気にするというように、待ちの姿勢をし、それに慣れて、ただ待っているだけの生活になりがちなのです。そのような習慣から、怠惰になったり、人のいいなりになったり、無為になることがよくあるわけです。それでも、そのことを気にしないため、主体的に一定の目的に向かって生きる力を持つ存在へと成長することは難しいのです。

(4) 方言が見せる顔

方言というと、それは「気の毒な」（ありがとう）、「きときと」、「かくしにしもとかれ」、「しんがいぜん」（へそくり）などの表現であると多くの人たちは思っています。

しかし実際には、そのような地域に独特な語彙や言い回しに留まらないものが方言です。言い換えれば、方言とは、それらの語彙や言い回しと溶け合い、その地域色に彩られた「空気の流れ」があって、そのような地域に密着することでできている様相に良いにつけ悪いにつけ、溶けて働く人々の内面としてつくられているものです。

その地域が辿ってきた時代色があって、それによって塗り込められたものが方言です。だから、そうそう簡単には変わらないものです。これからも頑として変わらないものと思われます。その点では、家族や小・中・高などで維持されている人間関係がそれぞれの地域の方言が取る姿を守る上で、実際的なものとしてとても重要な働きをしているのです。

そして、方言が大切だとすれば、その方言が使われる地域が何を誇りにしてやってきたかがとても大切です。地域史的に誇りにするものが、薩摩藩や長州藩や土佐、肥前、会津藩や庄内藩などに明確に見られるように、そこでの年中行事にともに参加して、人々はそれに励まされて、元気をつくることが可能なのです。

ですから、誇りにする時代色のつくられ方、産業や民俗性や人情の艶などのつくられ方、師弟関係や長幼の序などが、思いもかけず、他国に一方的に従属したものの下にあれば、そこには何の誇りも見いだせないことになるわけです。

残念ながら、自分たちが住む地域が自藩のものであっても、実質的には加賀藩支配にあるのです。とすれば、その地域を自分たちの住む家と連続的なものとは把握できず、心情的には違和感のある加賀藩のものと思えば、自宅に閉じ籠るしかないのです。

そのような状態では、領民が何を思っても、彼らの思いは一切全国へと直接に顔を出す余地は失われてしまっているのです。そして、そのような感覚が押し付けられ続ければ、富山藩とその領民の関係が阻害され、自藩がどのような顔をしているか見えなくなるのです。自藩の顔が見えるストレートな関係を結ぶことができなければ、自身の顔もいい加減なものであらざるを得ないわけです。自分を心情的、感覚的、心理的に安定にさせるものがないのです。それでもなお、売薬業が始められた経緯があるわけです。

敗戦後について言えば、その地域の若者たちはどうでしょうか。彼らは、自治体の行政組織の設定する枠組みの中でその私生活を過ごし、それに満足できなくても、嫌々ながら満足せざるを得ないのです。そのような大きなストレスを抱えていては、人々が本来持っている企画力も主体性も減退していくだけです。そんな萎えた内面を追いやろうとして、金沢との高校・大学への合格率の競争です。自分たちが何者か分からない（自分の顔をつくれない）処での、知的次元という表面での競争を強いられてきているわけです。

Ⅱ　金沢と富山

このセクションでは、富山市とその人々に、そして旧富山藩領とその周辺に居住してきた人たちにこだわって、いろいろな角度から見てみたいと思います。井手英策（『富山は日本のスウェーデン』）は、富山人たちの生活の仕方について次のように説明しています。

長くつづいたまずしさとの闘いは、自分たちが生き延びるために他者と助け合う文化を生みだした。家族や地域を大切にし、調和を重んじて自己主張をつつしむ県民性は、この闘いの歴史と表裏一体の現象だったのではないだろうか。

「共在感」という言葉がある。井上達夫は前掲『他者への自由』（筆者注：創文社、一九九九）でこう語っている。

人間は共通の人間的な限界、共通の人間的悲惨にさらされ、共通の人間悲劇に巻き込まれているとき、みな無力であり、他者に依存せざるをえない存在となる。

長い歴史をつうじて、僕たちが共通して経験し、共通してたくわえてきたこの感覚、己の、人間の無力感をよりどころとしながら、「自分たちは共にあるのだ」と確信できるこの感覚を「共在感」という。

富山の歴史はまさにこの「共在感」を育む歴史だった。命や暮らしの危機、きびしい自然やまずしさとの闘い、そこから生まれ、育まれてきたのが「共在感」だった。

「子どものため、県のため、みんなのため」といえば、多くの人が「じゃあひと肌脱ぐか」と考える社会は、こうした歴史的に形づくられた「共在感」があってはじめて、成り立ちえたということができるだろう。

「家族のように助けあう」の意味

ただし、それは、日本人としての「共在感」でなく、閉じられたコミュニティ、生活空間のなかで形成された「共在感」であり、せいぜい広くとらえても「県民性」の範囲にとどまるそれだったという点は重要である。（pp.194-195）

井手英策は、富山の人たちの生活をこのように評価したようです。県外生まれの井手が、ここまでよく推測したと思います。

でも問題は、富山県人が、とりわけ旧富山藩領周辺に住む者たちがこの井手英策の考え方をどのように評価するかです。

井手がこのコメントで「それは、日本人としての『共在感』でなく、閉じられたコミュニティ、生活空間のなかで形成された『共在感』であり」と述べています。この中の「閉じられたコミュニティ」という表現についてです。ポイントは、これをどのように判断するかでしょう。

彼は「命や暮らしの危機、きびしい自然やまずしさとの闘い、そこから生まれ、育まれてきたのが『共在感』だった」と指摘していますが、いろいろな地域においてこのことが当っているように見えます。

それにしても、「閉じられたコミュニティ」とはどのようなあり方をするものかです。その様子について、以下に提示しています略年表から、ある程度読み取ることができることと思われます。

井手が説明しているように、「閉じられたコミュニティでの共在感」と見るのがいいか、それとも、別の観点がありえるのかです。

筆者の見解では、以下に掲げる略年表を読む際のキーワードは次のものと思われます。

「不本意な状況に追い込まれつづけた人々の集まりとその無力な思い」

その思いをどのようなものと推測したらいいでしょうか。そこには、「前向きの共在感」は見られないと考えられます。

「閉じられたコミュニティ」の中身に対して、旧富山藩領に居住してきた人たちから見ると、第三の別の見解があるかもしれません。それを読み取っていただくようお願いします。

〈旧富山藩領に関わる略年表〉

・**七四六**（天平一八）
従五位下大伴家持を越中守とする。七月赴任。

・**七五一**（天平勝宝三）
家持、少納言に任ぜられ、越中国府を発して帰京する。

＊「和」の原理
家持は性格的に穏健であっただけでなく、派閥を超え、私閥を超える政治的原理を固く持っていた。天皇こそ、派閥を超え、私閥を超える「和」の原理、「公」の原理であった。矛盾をのりこえるため、家持はくりかえし「大君のまけのまにまに」と高唱したのであった。「大君のみこと畏《かしこ》み」という語は、強く私情を抑える。時としては挫折感さえ伴う。「止むをえず」という心情である。これに対して、「大君の任《まけ》のまにまに」には、丈夫《ますらお》としての自己の使命を達観し、これを誇ろうとする心ばえさえある。家持は「任のまにまに」を愛用し

たが、「みこと畏み」は他人の心情になりかわって歌うような特殊な場合のほか、あまり使用しなかった。

（新越中風土記刊行会編『新越中風土記』pp.44-45）

＊家持の政治理想

天皇の信認によって執り行うべき政治というものを、家持はどのように考えていたのであろうか。天平勝宝元年（七四九）五月十二日、聖武天皇の詔をはるか越中の国府で伝え聞き、感激して作った長歌の中で、家持は次のように歌った。

……　かんながら　思ほしめして　……　老人も
女童《おみなわらわ》も　其が願ふ　心足らひに　撫でたまひ
治めたまへば　ここをしも　あやに貴み　うれしけく
いよよ思ひて……

老人も婦人児童も、その願いが満ち足りるような愛と福祉の政治、それこそ家持が政治の理想、行政の目標としたところであった。そのような天皇の思召しを体して政治に携わることを、家持は喜びとし、生きがいとしたのであった。

現実には、大仏建立や京都造営のため、民が苦しみ、行路にへい死する者や、たまりかねて逃散する者があったことは、幾多の資料が示すところであるが、政治の理想がこのような万民の福祉にあったこと、これもまた事実であった。

（新越中風土記刊行会編、前掲書 p.45）

＊越中歌壇への越中在地人の不参加

屏風絵でも見るような美の世界を創造し、王朝文学のさきがけをなしたのも家持であった。『万葉集』の中で、初めて歌の中に「個」の世界・「孤」の世界を確立したのも、家持であった。そこには王朝を越えて、近代のにおいさえあるといわれる。

宴席のための歌を作り、助詞「も・の・は・て・に・を」のない歌を作るというような言語遊戯を持ち込んだのも、越中歌壇における家持であった。功罪あらゆる意味で、越中守家持の果たした役割は絶大であった。

＊在地歌人の欠如

「越中歌壇」で活躍したのは、家持・池主のほか、多数の国庁の役人や僧であった。また宴席にはべった遊行女郎（後世の芸妓）であった。さらに都の人々との贈答の歌がこれに加わっている。

ところが、この華やかな越中歌壇に、在地の人々はまったくといっていいほど参加していないのである。国司の役人はいずれも都から赴任した者。遊行女婦は在地の者か、都から流れていった者か、不明である。越中在地の豪族としては、わずかに羽咋郡の擬主帳能登臣乙《おと》美《み》（ルビ筆者）が一首をとどめているのみである。家持の書きとめた詞によると、郡司とその子弟らを多数集めて宴を開き、その席で家持は、

しなさかる越の君らとかくしこそ
　楊かづらき楽しく遊ばめ

と詠み、親愛感をこめて「越の君ら」と歌っているが、郡司（郡司は原則として土地の豪族出身者）は一首の歌も残さなかった。

家持は、天平勝宝二年（七五〇）、墾田地検察のため砺波郡へ出張し、風雨にあって、主帳多治比部北里《たじひべのほくり》（ルビ筆者）の家に宿り、出るに出られなくなって一首作ったことがあったが、そのときも土地の豪族北里は歌を残さなかった。越中の人々に歌の才がなかったのであろうか。東国の農民たちの歌った、土の香たちこめる「東歌」の世界に比べて、あまりにも寂しいことである。

このように、越中歌壇には越中の在地人は参加せず、官人たちだけの世界でサロン芸術の花を開かせ、家持の任期満了とともに消えていったのである。ただ巻一六には、前述の「能登国歌」に並べて「越中国歌」四種が採録されている。その一首は旋頭歌の形式で二上山のワシの営巣をうたった、めでたい謡い物である。

（新越中風土記刊行会編、前掲書 p.48）

・**一五八一**（天正九）

上杉景勝を頼る瑞泉寺や勝興寺に対して、信長方の佐々成政や神保長住は次第に圧力を加えた。木舟城の石黒茂綱は天正九年四月に勝興寺を焼き討ちする。（中略）

上杉勢の支援のない瑞泉寺に、佐々成政勢が攻略を加えた。「瑞泉寺由緒」に「天正九年に佐々成政が瑞泉寺を攻め、堂伽藍を焼き払い、城跡に武将前野小兵衛を置く」とある。「照円寺年代記」は、佐々成政の焼き討ちを、天正九年七月八日とする。成政の武将前野小兵衛が、瑞泉寺の跡地に城を築いた。そこは成政が秀吉の軍門に降る天正十三年（一五八五）までの四か年間だけの武将の城であった。

（千秋謙治『瑞泉寺と門前町井波』pp.77-79）

・**一五八二**（天正一〇）
上杉勢、富山城の神保長住を攻め落とすが、成政・利家らがこれを奪還し、松倉・魚津両城に上杉勢を追撃する。本能寺の変。

・**一五八三**（天正一一）
成政、越中を平定する。

・**一五八四**（天正一二）
成政、利家と能登末森城に戦い敗れる。

＊成政について 1
末森山（一四〇メートル）。心なしか、威風堂々として見える。四百年前、この山に築か

れていた末森城をめぐり、佐々成政と前田利家が死力を尽くして壮絶な戦いを繰りひろげたのである。

（遠藤和子『佐々成政』p.68）

＊成政について２

成政と利家は、ともに尾張（愛知県）の生まれで、信長の小姓、馬廻衆、母衣衆、府中三人衆となった朋友である。また、先陣を競い合い、助け合い、ともに輝かしい武功を立てたライバル同士でもある。

（遠藤『佐々成政』p.69）

＊成政について３

越中の人びとにとって成政は、戦国争乱の谷間となっていた国内を統一して平和を呼び戻してくれた英雄である。民衆のために尽くしてくれた仁政家である。常に陣頭に立ち、体をかけて領国経営にあたってくれた領主である。そのうえ、領内は金銀山によるゴールドラッシュで賑わい、耕地は増え、諸国から武士たちが「我も我もと引っとひ、越中へと心さし下りけり」（末森記）というように集まり、城下町は殷賑をきわめた。成政と民衆とが一体化して、太いきずなでしっかり結びついていたのである。それが数多い成政伝説を生み、成政は庶民の歴史のなかで脈々と生きつづけることになった。

（遠藤『佐々成政』p.244）

・**一五八五**（天正一三）

秀吉、関白となる。前田利長、越中三郡を領する。

・一六〇三（慶長八）

家康、江戸幕府を開く。

＊薩摩藩を通した大陸との取引

二〇一九年一月九日付け読売新聞朝刊が、「明・清時代の陶磁器出土、売薬商人が調達か」の見出しで、富山市の旧富山城城下町の上級武士が屋敷を構えていた跡地から、明や清の時代に中国で作られた陶磁器五十点が見つかったと報じた。当時薩摩藩と取引していた売薬商人の仕入れ記録には、薬種とともに陶磁器が多く含まれていることから、富山市埋蔵文化センター学芸員は「売薬商人が、薩摩藩を通じた大陸との取引という独自のルートで富山にもたらしたものである可能性がある」と語った。

学芸員は意図して言わなかったのだろうが、薩摩藩が持つ大陸との取引ルートからもたらされた薬種や陶磁器の大半は密輸なのである。

薩摩藩は慶長十四年（一六〇九年）の琉球征服後、琉球との貿易を幕府から公認された。琉球には清国との朝貢貿易で得た唐物が多く入っていたが、貿易品目は薩摩藩内の消費物資に限られ、藩外への販売は禁止された。

（加部敏夫『越中売薬薩摩組の北前船長者丸　幕末異聞』pp.48-49）

・**一六三九**（寛永一六）
利常、封を分かつ。利次一〇万石に分封され、富山藩成立。
越中は三分割された。富山藩領は婦負《ねい》の全部と新川郡の一部。

＊なぜ富山藩はつくられたか

⑴利長は、その政治信条をまもるために、その後の徳川氏との緊張関係のなかで生きのびる方策を打っていく。まず、慶長十（一六〇五）年、利長自身が隠居する。その年四月に家康から秀忠へ将軍職が世襲されたとき、利長と利常は伏見へいって家康・秀忠を祝い、利長は帰国したが、利常はそこで元服し、松平姓をあたえられた。これで、利常の前田本藩は徳川家に服従する大名になった。隠居の利長は富山城（十四年消失により十六年高岡城〈高岡市〉へ移り、越中新川郡を養老領とした。ときに利長は四四歳で健康、利常は一三歳であった。こうして前田本藩を徳川方につけ、自身はそれから切りはなしたのである。隠居にさいして、利長は家臣に向かって「いかなる場合も自分は秀頼方であると思え」といったという。

（高澤・河村他『石川県の歴史』p.163）

⑵元和・寛永期は幕藩体制が確立していく時期であったが、それはまた、大名前田氏にと

って一つの試練の時期であり、それ以上に最終的に種々の負担を強要される領内諸身分、殊に百姓身分にとって厳しい時期であった。

その具体的な表れとして元和六年（一六二〇）から寛永五年（一六二八）にかけて断続的に三度に分けて実施された大坂城再築の普請助役がある。この再築普請助役は、西国大名を動員して実施されたもので、幕府の西国大名対策の一環として行われたものである。この普請で前田利常は、三期ともそれぞれの全工区の二〜三割を請け負い、最大の領地高をもつ大名としての体面を保ち、将軍への忠義のほどを示したのであるが、その負担は高割で給人も分担し、給人の中には大坂の陣から間もないこの負担に耐えず、「すりきれ」るものもいたのである。また、寛永八年（一六三一）一一月、幕府が加賀藩の動きに不審の念を表明し、加賀藩では利常・光高父子が急ぎ江戸に参勤し、横山大膳康玄が登城して老中土井利勝に弁疏する、という事件が起こる。これは折しも大御所秀忠が病床にあったとき、加賀藩が火災で全焼した金沢城改築のために堀や石垣の普請をしたこと、大坂の陣での論功行賞の再吟味を行い、新たに加増を行ったこと、供回りの侍を新たに召し抱えたこと、を幕府がいぶかったことから起こったものであった。大膳はいちいち弁明に努めるが、加増問題については、藩主利常が若年であったため大坂の陣の論功行賞を十分に行っていなかったことから、家中に集団で前田氏を致仕しようとするものが多数出たことに対し、その動きを抑えるためにとった措置であったとしている。これが正しいとすれば、窮乏化した給人がかつての戦争での論功行賞に不満を抱いてとった行動であったことになろう。大坂の陣のつけとしての家中の不満はかなり長い期間、藩内にくすぶり続けていたのである。そして、それが幕府の嫌疑するところとなり、加賀藩を揺さぶったのであった。

（見瀬和雄『利家・利長・利常』pp.138-139）

⑶このように、利家・利長・利常三代のあいだ、徳川方との緊張関係が続いたのである。

（高澤・河村他、前掲書 p.174）

⑷寛永八（一六三一）年に加賀藩は、藩存立をあやうくするような政治的危機に見舞われた。このとき将軍家光の弟、忠長の乱心と大御所秀忠の危篤とが重なり、幕閣は加賀藩による反乱に疑いをもったのである。加賀藩は老中への弁明により危機を回避したが、藩主利常は相続などの争いを口実とする取りつぶしをさけ、藩を存続させるために子弟への領地分与、支藩創設を考慮することになった。

（深井・本郷他『富山県の歴史』p.151）

＊実情

⑴このように富山藩は加賀藩を支えるために創設され、同二十一年、富山藩家中定書の第一条で「小松御条目（利常の定めた法令）はその通り、堅く守らねばならない」と定めています。

（富山県公文書館『とやまの歴史』pp.82-83）

⑵大聖寺藩は支藩、すなわち分家の格であつかわれ、政治上の基本的な方針などは本藩に

したがうしきたりで、ほかの大名なみの自主性はもてなかったし、藩の内紛などにも介入をうけた。大聖寺の関所は平時は大聖寺藩兵がまもったが、金沢の大火や地震など有事のさいは本藩の侍が出張した。

そのため幕府からもほかの大名にくらべて低いあつかいをうけた。江戸藩邸は将軍からの拝領地でなく、本藩屋敷の一部にあったし、藩主の隠居、相続をはじめ、幕府への願い事はすべて本藩を経て加賀藩主の名で願うことになっていた。

（高澤・河村他『石川県の歴史』p.190）

(3)富山藩成立当初の財政は、加賀藩より分与された一〇万石（朱印高）のうち計九万石も家臣地行高に割く必要があった。

（深井・本郷他『富山県の歴史』p.156）

・**一六八七**（貞享四）

反魂丹の行商始まる。

この反魂丹の富山伝来であるが、冒頭に述べたごとく諸説あり、はっきりしていない。しかし一応通説の天和三年（一六八三）（筆者注：万代）浄閑（常閑）による（筆者注：前田正甫伝授説をとると、その方書を預かった日比野小兵衛が二、三年を経て薬種屋松井源右衛門に渡し、さらに、一、二年を経て売り出したのが最初というから、元禄直前貞享四年（一六八七）頃となる。

・**一六九〇**（元禄三）

富山藩主前田正甫、反魂丹を富山商人松井屋源右衛門に販売させる（右の説に対してもう一つの説）。

（玉川信明『反魂丹の文化史』p.205）

＊三人の藩主

富山藩では富山売薬の始祖として著名な二代正甫が国産品開発に力を入れ、さらに三代利興は商品流通に努めた。六代利與は藩校広徳館を創設し、産業と文化の興隆をはかった。

（高井進『越中から富山へ』p.7）

・**一七三五**（享保二〇）

＊富山の反魂丹売り

香具連によってかなり有名（前宣伝）になっていたものと思われる。しかしこの香具師による反魂丹売りは宝暦・明和頃に至って衰微してゆく。逆に同時期に富山売薬が全国販売網を持つに至るのであるが、越中売薬人がそれにとって代わったものとみえる。

（玉川、前掲書 p.198）

・**一七五一－一七七一**（宝暦・明和年間）

売薬といえば富山の売薬人といわれるようになったのにはさらに別のルートがあった。それが三番目にいう諸国在所へ土産物として、諸薬品を持ち歩いていたという薬の吸収のされ方につながるのである。

（玉川、前掲書 p.200）

・**一七一六‐一七三五**（享保年間）

物産会が盛ん。

この諸国売薬にあって越中売薬のみが、群を抜いて伸びてくるのである。物産会の盛んとなった享保年間（一七一六～一七三五）にはすでに、物産学者の番付をみると、富山の物産（薬物）が他国に伍して東の大関となっている。また天保頃の「日本国中妙薬競《くらべ》」では「越中富山諸合薬」は別格で、行司役を勤めている。記事としても『大阪商業史資料』によると、天保年間（一八三〇～一八四三）の売薬としてまず富山売薬をあげ「今は昔、天保時代に名高かりし売薬は、言わずともこれ越中富山が本家にて、其他諸国に行われたるその概略をあぐれば……」と記している。

当時富山の反魂丹は京都の雨森無二膏、伊勢の朝熊万金丹、大和西大寺の豊心丹など著名四十六種の中で、第一位を占めていた。

（玉川、前掲書 p.204）

・**一七四五**（延享二）

利幸第五代家督をつぐ。

江戸中期、北国の一小藩（富山藩）からおこった個性的な地域産業が、薬という単一の商品をもって全国マーケットに手を広げ、周辺の加賀藩領越中商人らを巻き込みながら全国を風靡するほどに発展した。そして医薬品の溢れる今日まで三百年、営々として命脈を保っている。単一の地域産業が三百年もの間、全国市場を確保しながら発展してきたことは、日本経済史上、まれに見ることである。（中略）

配置売薬が始まったころの江戸中期における富山藩は、全国配置に必要な原料薬の多くを、中国をはじめとするアジア地域から長崎、大坂というルートを経て手に入れなければならなかった。また、領内は毎年のように河川氾濫や大火が相つぎ、世界有数の多雪地帯という厳しい自然条件も重なって、領民たちの暮らしは貧困をきわめていた。

このような状況下で起こった配置売薬であるが、商いの歴史の長さといい、商圏の広さ、海外からの仕入れ、多種多様の製品の開発など、目をみはるばかりの活躍をした。何よりも驚いたのは、一五〇年、百年という長期にわたる顧客関係を保っていることであった。（中略）

富山藩五代藩主、前田利幸が、それまで「零細行商として見過ごされていた売薬」に着目しておこした独自な地域産業であることがわかった。利幸は、薬が農業を中心とする諸藩の施策から外れ、しかも、人間の生存にとって不可欠な品であるところから受け入れやすいことに着目して、外貨の獲得を図った。（中略）

鹿児島は、島津氏支配が長い歴史を持つだけでなく、鎖国をしていた江戸期に、他領の人間を寄せつけなかった二重鎖国の藩であった。そのような状況にもかかわらず、越中売薬商人たちは享保六年より一七〇年余りも回商しつづけている。しかも、島津氏の家紋を商標にするほど、藩主や領民たちに信頼された。

（遠藤和子『富山の薬売り』pp.1-3）

＊相つぐ天災地変

前田利幸が富山藩第五代藩主になったのは延享二年（一七四五）二月十三日、一七歳であった。売薬回商が生まれてから五四年たっていた。（中略）

（もっと自領内で生産され、土地条件に左右されぬ独自な産業はないだろうか）

あれこれ思案しているうちに、はたと思いついたのが反魂丹売薬であった。（中略）

「そうだ、富山藩から各藩に、売薬回商をお願いするのだ」

利寛（利幸の叔父、二代藩主正甫の一四子）が深くうなずいてみせた。

「いいところに着眼されましたね。当方から積極的に頼み込むことは商人たちの力では無理です。藩が道筋をつけてやらねばなりませんな」

（遠藤『富山の薬売り』pp.205-211）

・**一七一六－一七六四**（享保・宝暦年間）

＊全国的販売網

売薬といえども、こうした幕藩体制の経済政策の中にあったことはいうまでもない。延享から明和頃にかけて組織された、富山売薬の「仲間組」と呼ばれるものがそれであって、

「仲間組」は結局、富山藩の株立運上策施行にのっとった「脚」（一人が廻れる範囲の得意先を一脚とする）を株極《かぶぎめ》とする「株仲間組」にほかならなかったのである。株立には当事者の自主的願望によるものと、藩当局の財政的必要から生まれるものとあるが、富山売薬は多分に後者に近いものであるといえる。（中略）

この仲間組の成立であるが、売薬の飛躍的発展期即藩側の干渉期と重なっている。すでに述べたように売薬行商圏が急速に広がってきたのは享保、宝暦年間（一七一六〜六四）、とりわけ宝暦年間であって、この頃にはほぼ全国的販売網ができ上がっている。

（玉川、前掲書 p.215）

・一七六五（明和二）ごろ

＊株立

藩が延享―明和―天明にかけての株立運上ブームにのって、売薬人個々の営業権を株立としたのは明和二年（一七六五）頃である。

（玉川、前掲書 p.216）

＊絶対服従

売薬行商は他領で行われるため、どうしても相手藩の権力との対応が必要となる。（中略）また統一的な成定商法のない近世の経済社会においては、売薬人の商行為は、仲間の総体意志に基づく自主規制に依らねばならない。それを「仲間示談」と称するが、売薬人はこの「仲間示談」に絶対服従を要求され、同時に株仲間は統制的機能を果たした。

（玉川、前掲書 pp.217-218）

・**一七八三**（天明三）

富山町奉行、反魂丹上縮《うわしまり》（実務担当者のことで、町人および売薬人で構成）に定法を与える。

＊『**本草通串**』（十代藩主利保一八〇〇－五九、著作）

利保は富山藩主中唯一の学者であり、江戸末期の本草学者として、博物学者として領外でも知られていた。

（玉川、前掲書 p.218）

＊三千二百両

この三千二百両という金高は、富山藩の大方の財政が米の売代金、藩札発行、借入金によって賄われているので、大した比重も占めていないが、他に目ぼしい財源のない富山藩としては、やはり金三千二百両というまとまった金はありがたかった。しかも風水害、凶作、火災等緊急不時の資金調達には都合がいい。富山の大手売薬人である阿部、数見、芳尾、中田、沢田等はしばしば藩の要求を入れ、負担金は少なくなかったとみられる。

（玉川、前掲書 p.219）

・**一八一六**（文化一三）

富山藩、反魂丹役所を設け、売薬の製造と販売の統制・保護などにのり出す。

＊反魂丹役所
この役所の設立によって売薬人は、「組仲間」の自治統制の他に、町奉行―町年寄―町肝煎―町頭―売薬人と、町奉行反魂丹役所売薬人の民事・経済両方の二重統制（自己統制も含めれば三重統制）を受けることになった。

（玉川、前掲書 p.220）

・**一八二七**（文政一〇）
売薬業はよその土地で商売するためにその藩の許可を得る必要がある性質上、当該藩の意向に逆らうことはできず、ときには無理な頼みを引き受けることになる。薩摩藩は藩内からの現金流出を嫌って何度も売薬差留を行い、全国に二十二組ある仲間組の中で最も多く差留を受けたのが薩摩組だった。差留解除には相当熱心に動いたものと思われ、文政十年（一八二七年）に始まった四度目は、毎年昆布一万斤と金二百両献上という、どうして利益がでるのか疑問なほど高い代償で、天保三年（一八三二年）から解除になった。

（加部、前掲書 p.47）

・**一八三〇－一八四三**（天保年間）、**一八六一－一八六三**（文久年間）
生産・流通・輸送の一切が、藩の意向と関係なしに生存することは、不可能であった。売薬においてもまた然りである。同じというよりも、売薬は各藩にとっては最大関心事の一つであり、植樹とともに大きな収入源とされていた。なぜなら売薬は軽くて携帯に便利であり、絶対の需要が見込まれ、利潤の点でも大変大きい。そうした特殊な品種は、他にそうざらにはないからである。具体的には富山領からの行商人の売上げは、天保年間(一八三〇〜一八四三)千七百人、五万両、文久年間(一八六一〜一八六三)二千五百人、二十万両ぐらいといわれる(越中全体では、さらにその三、四割増になると推察される)。

(玉川、前掲書 p.213)

・一八四八−一八五三(嘉永年間)、一八六三(文久三年)

＊御手船

薬荷の取り扱い量の多い荷物は陸路の馬の背に依存するよりも、海路の船によることが多くなったが、富山藩では嘉永年間(一八四八〜一八五三)に八百石積みの帆船四隻を建造して、これを御手船と称した。売薬用品の輸送については、この御手船を比較的低料金で利用することを許した。(中略)売薬業者は陰に陽に、反魂丹役所とは連携を保っていなければいけなかった。

(玉川、前掲書 p.223)

・一八六八(明治維新)

＊成政人気について

(1)このように、前田氏は越中に対して、さまざまな人心収らん策、和合政策を実施して、幕末まで支配下においた。これに対して、越中の領民は従順であったが、明治期に入って幕藩体制が解体し、前田氏の支配が終わったとたん、佐々成政賛仰熱が高まった。

（遠藤『佐々成政』p.248）

(2)舟橋は前田氏が架けたのにもかかわらず、佐々成政の偉業と称え、また、「早百合火」を「成政、無念の火の玉」とすり替え、分県運動のエネルギーとしていたのである。

（遠藤『佐々成政』p.249）

・一八七二（明治五）

＊反魂丹役所廃止

明治改元早々、五月には、「商法会所」創設に際して、諸株仲間の人員増減の自由、冥加金の廃止、税法の制定等定められ、ついで、五年に至って株仲間そのものが廃止された。

（玉川、前掲書 p.252）

・一八七〇（明治三）

＊新政府の方針

明治改元と共にもっと直接的に売薬に響いたのは、新しい政府の方針であった。明治三年（一八七〇）十二月、売薬取り締りは大学東校の所管となったが、その時、大学東校に発した訓令には次のようにある。（中略）

この大学東校への訓令に準じて、売薬業者には⑴売薬類は大学東校において、有効性の検査済みのもののみ販売を許す。⑵以後、売薬に「勅許」だの「家伝秘宝」だのといった宣伝をしてはならない。⑶薬品原価は明細に調べ、定価販売をする、等が定められた。

（玉川、前掲書 p.254）

・**一八七五**（明治八）

＊県令告諭

富山における洋薬製造の基はといえば、明治八年（一八七五）、新川（筆者注：富山県旧称）県令（知事）山田秀典の告諭にあるといっていい。山田は明治八年三月、県下の売薬商業者代表を県庁に集めて、次のように訓示した。

「管下反魂丹の売買は全国に普及し営業者は数千人の多きに達し、実に物産の第一に位すれど、惜しき哉、旧慣を墨守し草根木皮をもって調整するに過ぎず、座して将来の衰頽を待つもののごとくなり、今の時におよび泰西文明の良法を採取し、互いに協同結社して益々売薬の振興を図るべきなり」

要するに、洋薬の新会社をつくれということである。さもないと滅びてしまう――と。

（玉川、前掲書 p.258）

＊富山の製薬所

富山の製薬所のことを一口にいうと、売買業者の共同製作所、もしくは共同作業所だという人がいる。なる程初期的にはそうなのであって、主として道具等の都合があるから、周辺のものが一定の個所にあつまって、共同作業が行われていた。彼らは、もともと自分の持ち歩く薬は自分でつくっていたから、政府の方でまとめて共同製剤所をつくるよう指示されても、結局は各地の名望家を代表者として、従来通り「個人製薬」していたのである。それが大正三年（一九一四）、日本で初めて薬の製造、販売を取り締まる売薬法が出来て、業者は製剤師の資格を持つか、薬剤師を雇わなければ営業出来ないことになった。しかし、性格的には殆ど変わらなかった。

（玉川、前掲書 pp.258-261）

＊売薬海を渡る

富山の薬業界でも、しきりと輸出等が図られた。その結果、近代史の中でも最も輸出の伸びたのは、昭和初頭の十数年間であって、統計による限り、行商人数は昭和元年（一九二六）の八千八百人に対し、昭和十年（一九三五）一万二千人に増えている。輸出額は同じく昭和元年の三十二万円に対して、十五年（一九四〇）には実に二百四十万円に伸びている。

（玉川、前掲書 p.264）

いってしまえば、他の企業も全く同様であるが、富山売薬は、日本の強大な軍事力を背景に海外進出を行うことが出来た。（中略）

売薬は権力の庇護の下に容易に羽を伸ばすことが出来た。

これをもってしても売薬と戦争とは、密接なつながりがあることがわかるが、歴史的にもその通りなのである。

（玉川、前掲書 pp.266-267）

＊常民について

今一つは呉西（現・新湊市七美）の森元家の日記である。これは日記というより、諸記録・覚書の類であって土地の売買の記録や家計簿が中心である。この森元家の記録は天保年間から始まるもので、その記録によると、初代与三兵衛は天保六年（一八三五）わずか五升の小百姓として分家、独立したが、三〇年後の慶応二年には一六石（約二ヘクタール）の村内有数の高持百姓に成長している。この森元家の記録は天保から明治まで一二〇点を超えるものではあるが、米や肥料や家計簿の類ばかりであり、深川家文書に多少みられるような時流や経済動向を示すものは一つもない。ただ、無数の数字が並ぶだけである。

（高井『越中から富山へ』pp.52-53）

＊富山県は明治一七年、小作地率において日本一であった。このことは地主層が国家政体を支えてきたこと以上に、窮乏小作農が都市労働力補充の点で資本主義発展の安全弁になりえたという意味から重要であった。安価で良質の食料と、安価で勤勉な労働力を供給する越中常民が存在する限り、明治国家は安泰であり、農村は「ふるさと」としてしたわれていた。しかし、明治国家は、その領主が前田からX氏（地主、国家）に変わろうと、又慶応が明治に変わろうと、かつて天保が嘉永と改元されたときと何ら変わることなく土にまみれ、相変わらず御収納米と食料や種もみをどう確保するかを考えている物言わぬ常民によって支えら

れていた。

幕末から明治にかけての一六石余の本百姓（自作農民）の膨大な資料が新湊市七美村に存在する（「森元家文書」）。この資料の中にまごうことのない越中常民の姿をみた。十村でも庄家でもない百姓、文字も知らないはずの百姓である。そこには公文書が何ひとつない。ただ百姓手作りの字になる資料があった。まさしく常民の語彙で、当て字などでありのままの生活を四代にわたって綴っているのである。二五〇点に及ぶその記録のなかには、戊辰の役も日清・日露の両戦争も、徳川様、天長様の語も一語たりともでてこない。又、不平不満や時勢批判の一句もない。ただ存在するのは無数の数字であり、その数字の裏に無言の越中常民の真の姿をみるのである。

（高井、前掲書 pp.47-48）

ここに示されている「数字の裏に無言の越中常民の真の姿」と「歌壇への越中在地人の不参加」には、どこか関連があると思われますが、みなさんはどのように考えられますか。

＊小作地

明治期の富山は、全国でもっとも小作地の割合が高い地域のひとつだった。その割合は五割を超え、石川や福井をはるかに上回っていた。

（井手英策『富山は日本のスウェーデン』p.79）

・一八八二（明治一五） 米沢紋三郎ら分県請願決議を陳情する。

＊越中の貧しさ

明治一六年五月九日に「富山、佐賀、宮崎ノ三県ヲ置ク」の太政官布告が発せられたからといってこの日から富山県が始まったのではなかった。この布告は便宜上の布告であるとして同日太政官から元老院（立法府）の審議に付託され、やがて上奏勅許を得たのが五月十六日である。そして正式の開庁日となったのは三県とも七月一日である。今日的感覚からすればあるいはこの七月一日が富山県の発足日ということになるかもしれない。しかし、誰しも五月九日を置県日と確信し、今日までこの日を置県日として祝ってきているのには理由がある。それはまさしく先人の分県、独立運動の精神に回帰せんがためにほかならない。すなわち、越中一国が一つにまとまることなしには子孫の栄光はありえないとした先覚者の心を学ぼうとするためである。そして太政官（政府）の布告を得たときの越中人の喜びは今日の県政の発展となって結実している。

越中側の分県の史的経過や、先覚者たちのこの運動に傾けた労苦に関しての研究成果は、『富山県史』（近代上）にまとめられ、詳述されているのでここでは触れない。ただその動機の一端を考えてみたい。明治前期の越中は極端に貧しかった。明治二年県東部を中心に起こった「ばんどり騒動」、一〇年の「砺波騒動」はいずれも貧しさの中に起こったものである。

（高井、前掲書 pp.75-76）

・**一八八三**（明治一六）
石川県より分県し、富山県となる。

＊二重表

とはいえ、越中一円が一つにまとまって旧幕時代と同様、石川県内にあったことは必ずしもよかったとはいえない面もある。他県のように長い間に築いてきた伝統文化が中断されるという悲劇がなかったかわりに、旧幕時代と変わらないものを継承しなければならないという代償を背負わせられたからである。旧幕時代、富山藩は二重表を持っていた。江戸表にものを言う前に、金沢表を通さねばならなかった。幕末における幕府と直結しての藩政改革がことごとく失敗した背後には、金沢という宗藩の存在があった。明治の富山県が異常なほどに中央政府と密着したのは、こうした歴史的体質と無関係とはいえない。

（高井、前掲書 p.78）

＊二代目富山県

このような意味から、富山県の明治維新は、二代目富山県成立の明治一六年であるといえなくもない。（中略）いずれにしろ、越中は明治一六年、金沢から離脱し二代目富山県に至ってはじめて、近代のスタートラインに立ったといえる。

（高井、前掲書 pp.78-79）

＊三重表

明治一六年の分県に至るまで、越中は二重表を持つ、と書いたが、厳密にいえば三重表ともいえる。明治に入って、日本の世界市場との関連が強まるにつれ、横浜や神戸が世界の表玄関となっており、越中の動向もこの世界表と深くかかわるようになってきたからだ。そして、生産力の停滞と相まってその後長く北陸をウラ日本と呼ばせることとなってしまった。こうした三重表の支配の下で越中の明治社会を支えた中軸階層は、他県にその類をみないほど広範な大地主層であった。

（高井、前掲書 p.79）

・**一八八六**（明治一九）

北海道への移住戸数を見てみよう。一八八六年から九一年にかけて富山は全国で一一位だったが、これ以降、順位を五位、二位とじりじり上げ、一九〇二年にかけてとうとう一位になっている。

（井手、前掲書 pp.80-81）

＊女性の就労

富山市における工場労働に着目して、女性の就労について見ておこう。

明治末から大正初期に県知事をつとめた浜田恒之助が指摘しているように、明治期には富山市民の半数以上が売薬関係者だったといわれている。

このうち、家庭薬製造業を見てみると、薬の包装工程はほとんどが女性で占められており、工員数の約七五％、職員もあわせた全体の六二％が女性だった。

工場規模で圧倒的に大きかったのは織物業だったが、職工の数を見ると、こちらでも圧倒的に女性が主流であった。清涼簾や新聞・印刷などを含めたすべての工場従業員数で見ると、全体の六八％が女性だった。

　このように、女性が働くことは、富山の人びとにとって「当たり前」のことだった。そして、それはまずしさとともに、男性が不在になりがちな社会がなかば必然的に生みだした結果でもあった。

（井手、前掲書 pp.88-89）

・**一八九八**（明治三一）
　産業構造の高度化をもう少し注意深く見ていくと、電力業と「大富山市」を標榜して実施された都市計画とが関連していたことに気づく。北陸三県のうち、石川と福井では繊維工業が地域経済を支えていったが、これに対し、電解電炉工場を誘致し、全国でもトップクラスとなる電源王国への道をあゆんでいったのが富山だった。一八九八年、富山電燈株式会社が水力発電所の建設に着手し、翌年富山市内に向け送電を開始した。

（井手、前掲書 p.92）

・**一九一三**（大正二）
　北陸本線全線開通する。
＊鉄道建設の遅れ

そしてその結果として、ことに日本海側が、「裏日本」として位置づけられることになったのは何故であろうか。その最大の原因が「鉄道建設のおくれ」によったもので、生産性が太平洋岸と比して低かったことが原因ではなかったのである。すなわち明治政府による近代化方式は、鉄道布設を含む殖産興業と名づけられたものだが、その税源は依然として北陸地方を中心とした農業地帯に向けられながら（地租国家）、その税収はやがて明治政府が臆面もなく表日本と呼んだ、太平洋沿岸地帯に投入されたせいではなかったか、ということである。

（高井、前掲書 p.106）

・一九二〇（大正九）

一九二〇年の国勢調査では、他府県への人口流出超過県のうち、富山は人口流失人数が全国第二位だった。また、出生人口に占める流出者の割合は全国トップであり、このうち男性の流出は二九・一％、女性のそれも二四・五％に達していた。

次に出稼ぎにしぼって見ると、一九一九年の出稼ぎの総人数は全国第五位だった。このうち女性の占める割合は三五％で、その七割が農家の出身であり、製糸業、機業、紡績業がおもな出稼ぎ先だった。昭和に入って出稼ぎは減少していくが、農村女性の就労意欲、あるいはその経済的必要性は伝統的に強かったことがわかるだろう。

まずしさと女性の就労が結びついているという事実は、歴史で必ず学ぶ「米騒動」のなかにも垣間見られる。

（井手、前掲書 p.86）

・**一九二一**（大正一〇）

実際、大正期をつうじて、電力と関連する工業が急激に増大し、一九二一年には、工業生産額がはじめて農業生産額を上回ることとなった。「米と売薬の富山」に「電力の富山」が加わり、経済的な様相が一変したのである。（中略）

一九〇一年から〇三年にかけ、河川の曲がった部分をまっすぐにする「神通川馳越線工事」が実施された。だが、この工事によって大量の土砂が港湾に流れこんでしまい、松前交易を支えてきた東岩瀬港（現・富山港）への大型船舶の出入りができなくなってしまった。そこで、大正末期から昭和初期にかけ、「大富山市」のかけ声のもと、神通川の掘削、運河建設などによって港湾の再開発事業が進められた。

（井手、前掲書 p.93）

・**一九二一**（大正一〇）

米作りを中心にして、豊かな農業生産力をほこった富山県においても、すでに大正十（一九二一）年には、工業生産物価額が農業生産物価額をはじめて超えた。不況を幾度も経験したにもかかわらず、第一次世界大戦後に本格化した県内の工業成長は、太平洋戦争がはじまるまでのあいだ、順調に進展した。すなわち、伝統産業である売薬業・織物業・銅器製造業にかわり、化学工業（カーバイド、化学肥料など）、金属工業（アルミ精錬・銑鉄鋳物など）、機械器具工業（電気機械器具・原動機など）があらたな成長産業となって、産業構造が大きく変化したのである。なお商業面での新しい動きとして、昭和七（一九三二）年に、のちに大和となる百貨店宮市大丸が富山市に進出したことがあげられる。

これまで富山県を代表した産業は売薬業であった。昭和元年の売薬業の生産額は二七一〇万七〇〇〇円で、県内工業生産額中、第一位であった。その後、生産額は減少して昭和十年には一四〇〇万円まで低下した。このように売薬業は、県内工業部門に占める相対的地位を後退させたが、この時期を含めて長期にわたり、その関連産業を育成して地域工業の拡充に寄与していたこともみのがせない。すなわち、製薬業を始めとして薬袋・薬包紙・薬容器の製造にかかわる産業としての製紙業、印刷業、製缶業（アルミニウム・プレス業を含む）、製瓶業などの発展があげられる。かつて売薬資本が、県内の主要銀行と電力会社の創設に大手出資者として密接に関与していたように、売薬業は裾野の広い地域基幹産業としての役割を果たしたのである。

（深井・本郷他『富山県の歴史』pp.280-282）

・**一九二三**（大正一二）

開校予定の公立高等学校（七年制）校長に南日恒太郎（著書に、『難問分類英文詳解』一九〇三など）が任ぜられる。

・**一九二四**（大正一三）

公立富山高等学校（富山大学文理学部の前身）開校と、馬場はるから「ヘルン文庫」の寄贈。

・**一九四一**（昭和一六）

一九四一年の配電統制令によって富山電燈の後継会社である日本海電気を中心とした電力会社の統合が進み、北陸合同電気（のちの北陸電力）が設立された。

（井手、前掲書 p.96）

・**一九四五**（昭和二〇）

B29約一七〇機富山を空襲（死者二二七五人）。

敗戦をもって太平洋戦争が終結したのは、昭和二十（一九四五）年八月十五日のことであった。「戦時体制」は昭和十一年にスタートしていたから、日本国民は一〇年近くにわたって臨戦状態におかれていたことになる。

富山県では、この敗戦の日を迎える直前の昭和二十年八月一日夜半から二日にかけて、県都富山市とその周辺部が大空襲をうけ、多大の被害をだした。一夜にして富山市の市街地のほぼ一〇〇％が焼失して、死者は約二三〇〇人、重軽傷者は約八〇〇〇人に達した。この大惨事から二週間のちに県民は、八月十五日を迎えた。
（深井・本郷他、前掲書 p.286）

・**一九四五**（昭和二〇）一一月

＊戦災復興について

政府は、（中略）政府内に「戦災復興院」を設置し、各都道府県でも復興事業の具体的な計画をつくるよう指令した。

富山市もまた、これを受けて同年十一月二十日に、富山市の戦災復興の基本方針を決定していて、それは次の三つを柱としていた。

⑴県都としての品格を保有せしめること
⑵富山市の地理的特徴を十分に考慮すること
⑶都市生活を効果的に快適ならしめるよう努めること―の三つである。

具体的には、地区画整理事業を中心とした新しい都市計画事業を実行するというものであった（『富山市史』）。

もっとも全市が焦土となった富山市には、それらの復興事業を担う能力を欠いていた。それで富山県が事業主体となることとなり、同年十二月二十九日に県主導で「富山復興都市計画街路」を決定している。（中略）なお富山市戦災復興事業の全工事が完了したのは二十年後のことで、昭和四十一年九月三十日に完了式を挙行している。

（青野豊作『実録・越中魂』pp.394-395）

＊自作農化

政治的な保守化は戦後へと連続していった。占領期に行われた農地改革では、全国で土地買収への地主の抵抗が問題となった。これに対し、富山県では、慣行小作権の認められた地域への対応として、県独自の処理方針を打ちだし、安価で土地の売買を行うことに成功する。こうして劇的な自作農化が進んだ。

農地改革前に五四％を占めていた小作地面積は六％へと急減した。これは全国レベルで見ても特筆すべき変化だった（富山県農地改革史編纂委員会『富山県農地改革史』）。同時に、多くの農民が土地所有者となったことは、いっそう体制維持的な、政治的保守化を強めていくこととなった。

（井手、前掲書 p.84）

・**一九五四**（昭和二九）

富山産業大博覧会、県・市共催により開催

・**一九六三**（昭和三八）

富山空港開港

＊戦後直後の慢性危機状況

戦後薬業界の状況を一言で表現するなら、慢性危機状況としか表現のしようがない。つとに危機が叫ばれつづけ、ここ一、二年に至って一層その深刻性が増したようである。

それでも、戦後六年くらいは、非常に好調であった。何しろ物資不足の折から、どんな薬を持っていってもよく売れたからである。売るといっても富山の売薬は伝統的に配置販売であるが、この頃は、「現売」と称して、一般店舗並に現金販売が盛んにおこなわれた。特に、昭和二十一年（一九四六）三月の新円切換えの際には、面白い程金が入ったといわれる。中には妻や娘まで行李をかつがせ、食糧難の折から、「安心して商売できるのは東北地方か新潟だ」と、米どころを選んで行商に出かけた。

しかし、戦後も七年に入って、急速に不安が襲ってきた。

（玉川、前掲書 p.268）

・**一九六一**（昭和三六）富山県勢総合計画策定

県立高校職業科・普通科の比率を四五年度までに七対三にすると発表。

・**一九七六**（昭和五一）

新薬事法の制定、国民皆保険の実施（昭和三十五年）等を折返し点として明らかに下降の兆しをみせて来た。行商人員は三十六年一万二千人をピークとして、現在（昭和五十一年）

六千人となっている。

（玉川、前掲書 p.271）

・**一九七七**（昭和五二）

海外販路についてはまず見込みがなかった。この点については今も同じで、富山家庭薬は朝鮮・台湾・樺太・中国大陸・東南アジア・太平洋諸島・南米・欧州のすべての地域から追い出されてしまった。（昭和五十二年現在、富山県家庭薬輸出三億四千万円）

（玉川、前掲書 p.270）

・**二〇一六**（平成二八）

富山市議会議員報酬問題

5月9日

最初に取材したのは、報酬の引き上げを主導した富山市議会・自民党会派の会長（当時）、中川勇市議だ。当時の中川市議は、富山市議会のドンと呼ばれていた。全議員の7割にあたる28人の市議が所属する自民党会派のトップに君臨し、議長経験もあるベテランだ。そして、後に起こる辞職ドミノは、この中川市議の不正発覚が端緒となる。

（チューリップテレビ取材班『富山市議はなぜ14人も辞めたのか』p.3）

略年表作成のための参考書目

新越中風土記刊行会編『新越中風土記』創土社、一九八一
青野豊作『実録・越中魂　甦る先覚の熱き闘い』北日本新聞社、二〇〇六
井手英策『富山は日本のスウェーデン　変革する保守王国の謎を解く』集英社、二〇一八
遠藤和子『佐々成政』学陽書房、二〇一〇
遠藤和子『富山の薬売り　マーケティングの先駆者たち』サイマル出版会、一九九三
加部敏夫『越中売薬薩摩組の北前船長者丸　幕末異聞』アメージング出版、二〇一九
千秋謙治『瑞泉寺と門前町井波』桂書房、二〇〇五
高井進『越中から富山へ　地域生活論の視点から』山川出版社、一九九八
高澤裕一・河村好光・東四柳史明・本康宏史・橋本哲哉『石川県の歴史』山川出版社、二〇〇〇
玉川信明『反魂丹の文化史　越中富山の薬売り』社会評論社、二〇〇五
チューリップテレビ取材班『富山市議はなぜ14人も辞めたのか』岩波書店、二〇一七
富山県公文書館『とやまの歴史』富山県、一九九八
深井甚三・本郷真紹・久保尚文・市川文彦『富山県の歴史』山川出版社、一九九七
見瀬和雄『利家・利長・利常』北國新聞社、二〇〇二

1　二つの道と閉じられたコミュニティの中身

二つの道

まず第一に、この略年表から見える問題点を検討する前に、ここで、富山の人たちは、以降どちらの道を取って生きる方がいいかについて、一つの問いをしたいと思います。

実際にはその方向はいくつもありえるわけです。しかしここでは、原則的に考えてみましょう。それは少なくとも二種類あると思われます。

一つは、近代的な個存在に基づいて、国境を超えた海外の諸民族を含めた、相互の対等と共生を選択してこの社会を充実させて生きる方向です。それとも、もう一つの方向を取るかです。それは、各地域には活発な方言の姿がありますが、そのことを超えて、方言を大切にしつつも、それら惰性的なあり様をぬけ出る努力をすることです。たとえば、子育てにおいても、男女の役割を決めて行うのではなく、性別にかかわらず、生活に必要とされることは何でもできるように訓練すべく、方言を使えるようにする模索する方向です。

富山市の現状を考えると、後者の道がとりやすいと思われます。性別で分担しないやり方ですが、このことは、互いに人と人とが差別せず、他を排除しない将来をつくろうとすれば大切なことと思われます。それでもしかし、多種多様な価値観に生きる海外の人たちと共生して生きる方向性が閉ざされていくように思われます。それでもこれまでの停滞にいるよりも元気に自信をもって前に向かって進めるといえます。

このように、将来的にはある意味では大きく二者択一を迫られる問題としてあるのです。少なくとも、現状に留まることではないようです。

そのことについてまた、井手英策（『富山は日本のスウェーデン』）の挙げている全く相反する二つの例で考えてみましょう。

自由、公正、連帯といった基本的な価値を、日本の共同体の伝統にもとづいた共通理解の延長線上に位置づけられるのであれば、保守主義と同じく共同体主義も、これを社会民主主義とあえて対立させ、区別しなくてもよいのではないだろうか。――（イ）

（井手、前掲書 p.28）

他方で、家父長的な、パターナリスティックな家族のイデオロギーに即して、社会を編成した国がある。それは全体主義を経験した日本だ。丸山眞男がするどく見抜いていたように、全体主義の土台にはコミュニティがあり、そのなかの閉鎖性、同調圧力は、たしかに全体主義の重要な基礎だった（丸山眞男『新装版　現代政治の思想と行動』）。――（ロ）

（井手、前掲書 p.196）

敗戦後、富山市の人たちが生きてきた様態が問題です。それは（イ）と（ロ）のどちらかと問われれば、自力で動く力を欠いていたという点で、（ロ）ではないのですが、（ロ）より脆い他に引きずられる形の脇道を歩んできていると思われます。そのため、多くの人々は、より重い一定の閉鎖性・同調圧力の下にいると推測されます。

それゆえここに居て、以降（イ）への方向性を選択するには、人々にどうしても思想的なジャンプが求められるのです。

その根拠として、井手の「全体主義の土台にはコミュニティがあり」に注目する必要があるのです。

このコミュニティの土台に、人々を大きく停滞させている方言があるからです。これとともに、以下に説明する「閉じられたコミュニティの中身」（富山の人たちについての井手の評価、P.78参照）に、深くかかわっていることにあるのです。

閉じられたコミュニティ

第二の問いはこれです。それは「閉じられたコミュニティの中身」とは何かということです。

その中身もまた二種類考えられるわけです。

一つは、どの方言も必然的に習慣性と序列性をもってつくられています。そのように、ふつう言語は序列性などをテコに人々を前向きに活性化しようとつくられている側面を持っているのですが、単に日常的な序列性に起因して起きること以上に、それを大きく超え出た、つまりいくつかの身分性へと固定させる「差別性・階級性」に関わる出来事を起こすものとしてもあるのです。

もう一つは、大聖寺藩にも見られると推察されますが、富山藩とその領民、それらの地域に居住してきた人々にも見られると推測できる「はなはだしく不本意な状況に追い込まれた人々が呈した姿」に関わることです。

その特徴として考えられることは、日々の稼ぎについては、人々はまさにしっかり取り組むのですが、そうした稼ぎにかかわることではなく、とりわけ人間の内面の出来事に関して「気弱さ」「判断停止」「逃げの姿勢（おどおどする、そっけないなど）」「無関心」という類の姿へと無意識に崩れていき、それでもそのことに気づかないことです。これは、知的な判断というよりも、周囲に漂う昔からの空気のせいなのです。そして、それが体質から抜けず、時に荒んでいくことです。そのため、よく「みゃーらくな」と言われましたが、何かをするときに、この「みゃーらくな」と言われると、本当に何もできなくなったものです。

明瞭に言えば、「閉じられたコミュニティ」の中身は、以上の二つのうちのどちらなのかということです。

この中身はどこから来ているかを考えてみれば、次のことに関わるものと思われます。すなわち、秀吉より越中守護の朱印状を受け、越中一国の領主となった成政でした。しかし、彼が主君と考えるのは織田信雄であり、その信雄と秀吉とが対立する中で、徳川へ味方したわけです。それでも突然、信雄と秀吉が講和し、その中で家康の意向を確かめ、越中への加勢を求めようとした成政です。結局はしかし、利家は秀吉の力の下にいてその勢力を伸ばし、越中をも支配するようになったのに対して、成政は秀吉に攻められることになってしまったのです。

つまり、「閉じられたコミュニティ」の中身の一端は、利家と成政との対立構造をきっかけに始まってもいるのです。そしてそれは「加賀藩に支配された富山藩とその領民、そしてそれ以降、その地域に住み着いた人々」に強いられた物語が持つ面にかかわるものと見られます。

2　各種の事柄にひそむ問題点　忘れられている問い

このセクションでは、旧富山藩領にかかわる先の略年表・通史を反省的に見て、概略以下の三点について、関心を寄せ、問題提起をしています。

問い

(1)家持の越中万葉歌壇に、越中人が登場していないのは、どうしてでしょうか？よく越中万葉歌壇といわれます。そこでは、越中在地人の不参加があったわけです。それによって、どのようなことが示されているのでしょうか。不参加ということで、家持の足下に横たわっていた地域と方言、その扱われ方が暗示されているようです。その当時から越中弁は隷属したものであったようですが、いかが考えられますか。

(2)後に述べる朝日町笹川地区での家族の問題についてです。「執着しない家族」は可能かという問いでもあるようです。このことを例に挙げるまでもなく、人々の多くは、それぞれの地域の方言を習慣的、惰性的に使うだけであり、またそれをその場的に、便利にも使っていますが、そのことによって逆に方言がもつ硬直性につかまえられて、ただ働いて日々を過ごす傾向が強いようです。そうではなく、その反対に、その方言でもって、別の角度から人間をつかみ直して、一定の価値観に即した生き方をすることが大切と思われます。それを実現するには、越中・富山市通史を意識し、その狭さを克服し、そこに立って、各々がどう生きるかを決めなくてはならないのです。しかし、現状において、それは可能と思われるでしょうか？

(3)障害者や認知症などの問題を抱えた家族はずっと孤立して息をひそめて過ごしています。これらの問題をどのようにしたらみんなが避けて通ることができない大切なこととしてつかめるでしょうか。「越中は三重表を持っていた」と高井は述べています。この一歩進んだ観点を共有し得るのがそれぞれ話題は異なりますが、井手であり、橋本芳雄（本書p.207参照）と考えられます。それでもなお、ここに留まらず、高井・井手・橋本の見方を克服し、地域の障害者や孤老の問題において、女性だけに任せず男性もさらに積極的にかかわるべく、人間における自立と対等と共生を求めて生き直すとすれば、それへのプロセスをどのようにすればよいのでしょうか。これまでは、どのような面においても女性たちは、女性たちに仕事を預けられてアップアップしている現実にあるのです。彼女たちを家で孤立させないことです。それには、男性たちは、その地域と行政はどのようにしたらよいのでしょうか。

上の三点の検討――

(1)家持は、天平勝宝二年（七五〇）、墾田地検察のため砺波郡へ出張し、風雨にあって、主帳多治比部北里の家に宿り、出るに出られなくなって一首作ったことがあったが、そのときも土地の豪族北里は歌を残さなかった。越中の人々に歌の才がなかったのであろうか。東国の農民たちの歌った、土の香たちこめる「東歌」の世界に比べて、あまりにも寂しいことである。

このように、越中歌壇には越中の在地人は参加せず、官人たちだけの世界でサロン芸術の花を開かせ、家持の任期満了とともに消えていったのである。

（新越中風土記刊行会編、前掲書 P.48）

藤井一二はこのように解説しているのです。これは、どのようなことを暗示しているのでしょうか。言い換えるとこの問題は、技巧を研ぎ、その技巧を他と争うための和歌なのか、人間のやさしさを、サロンを用意する人たちをも含めた他と、分かち合い、ともに生活するための和歌なのかということです。つまり越中在地人を不参加にして了とするものが本来和歌であっていいのかということです。

(2)井手英策が笹川地区の例を挙げて家族のあり方について以下のように述べています。執着するか、しないかのどちらの方向に進むかは、それをどのように実践するかにかかっているわけで、それは、当事者が無関心か、それとも自ら気づいて一歩踏み出て必要なことを引き受けようとするかにかかっているのです。

笹川地区（富山県朝日町）の人たちもその葛藤のなかでもがき苦しんでいるようにみえた。だが、これは笹川地区や富山県の失敗ではない。この国全体で起きている構造的な問題だ。

富山の人が大事にする「家族」。その「家族」には良い面と窮屈な面とがある。笹川地区の人たちもそのはざまで苦しんでいる。もちろん、自分たちの大切にする価値を否定する必要はない。だが、一日中べったり一緒にいる「家族」が存在しないこともまた事実だ。しゃかりきになるのではなく、いい意味で肩の力が抜けた笹川地区には、希望の光が差している。「執着しない家族」という気づきがそこにはあった。そして、新しい「家族のような地域」のスタイルを自分たち自身で作りあげていくという思い、地区のよさを語るときの輝く瞳、そして、消えてたまるかという不屈の精神がそこにはあった。

本当のモデルは、一〇年、二〇年と時を費やし、おのおのの地域にある葛藤を乗りこえようと努力しつづけるということ、それ自身なのかもしれない。

（井手英策『富山は日本のスウェーデン』pp.179-180）

実際には、これまでの硬直した状況を動かすことは難しいのです。ですから、各々がそれへの希望を持って生きるなどは困難なことかもしれません。何につけても、求められることは、まずは「その『家族』には良い面と窮屈な面」があるとされていますが、その両面にそこに置かれた人各々が自分の問題として対することが大切と思われます。そこまで各々が人間として成長したいものですが、直に事を引き受ける人たちの苦しむ現実が続いています。

(3)どの分野においても変革の可能性は十分にあるのです。その可能性をいかに現実のルートへと着実に乗せていくかがいつも問われることです。しかし、人々の多くは現状にうずくまるばかりです。見て見ぬふりの日々を過ごす人たちが多いのです。

富山型デイサービスを思いだしてほしい。富山型デイの本質は、子ども、障がい者、お年寄りがひとつの家で「家族」のようにサービスを受けるという点にあった。

これを「年齢のちがいや障がいの有無で人間のあつかいを変えない」という視点から解釈すれば、社会民主主義的、あるいは普遍主義的な方向性に近い。

だが、富山型デイの事業者を調べてみると、最近こそ男性の事業者が増えてきたものの、女性事業者の割合の方が明らかに大きい。とくに惣万さん（筆者注：佳代子。NPO法人「このゆびとーまれ」理事長）のようなフロンティアに光をあてたとき、自らの私財を投げ打って女性たちが富山型デイを牽引した過去に気づく。

つまり、家のなかで子どもやお年寄り、そしてもちろん、その人たちに障がいがあろうとなかろうと、彼ら彼女らの面倒を見るのは女性の仕事だ、それは社会的な仕事ではなく、個人の善意、あるいは性別による社会的責任にもとづいた仕事なのだというふうに理解すれば、明らかな保守主義、家父長的な家族主義という正反対の評価になる。

（井手、前掲書 pp.190-191）

惣万さんは「鉄の女」と呼ばれているようですが、これまでと同様に、今も女性はつねに決め手の位置に置かれています。以降の問題は、一人一人が自分のこととして考え、女性たちがそれぞれの場の便利屋として使われている側面があることに気づき、そのような後始末係をさせていることをどうするか否かに、将来がかかっているのです。交通網が各方面で便利になることは良いことですが、そのことに目を奪われていては富山の女性の多くは力尽きるだけです。

3　金沢弁と富山弁の関係

格差、地価の上下の中の二つの方言

人々には自分たちが住む街の歴史に魅力を覚えるから、それに励まされて、自分もプライドを持って生きることができる、という側面があると思われます。同じ考え方でいえば、その街の歴史には何の良いところもないので、その地域からは何も得られず、プライドも、そして自信も持てないということにもなるわけです。

そんな風にいえば、プライドを持つ、持てないという違いは普通にはどこの地域にもあるだろうと思われます。しかし、どちらにしてもそれは、受動的な意味合いのものなのです。

受動的なものでも、それでも、プライドのあるなしは大きな差です。あれば、それは人間を前向きにするのです。

　しかし、富山という地域に関していえば、実際には普通の地域で感じられる以上の、人が人間として負いきれない何らかの違和感が内面に響いて、おそらくそれが今の人たちにも何らかの影響を与えているのではないかと、子どもたちを含む多くの人たちが危惧しているように思われます。

　または、人によっては、何となく変だと感じつつ、無気力なままにいるのみということも多いのです。そのため、まともに必要と思われる対象に向かわないで、とかく逃げてしまう傾向がよくみられるようです。


　ですから、受動的に受けたものに左右されて、いじけたり、威張ったりするのではなく、その反対に、主体的に負と思えるものをつかみ直して、各々が地域に生きる個の人間として自力で立つ模索をするのが基本なのです。しかし、それができないままに、富山の人々は、おそらくその内面ではずっとそれなりの苦しみをしてきていると推測できるのです。割り切れないものを取り除くことができないままに、多くの人々は日常を過ごしているのではないかと思われるのです。

　問題はどこでどのようにどのような負を負ったのかです。それをつきとめればいいのです。

ここで、一人の人の内面を、「論理的な処理能力を含めた日常対応能力」（α）と「平衡感覚をつかさどる情的側面」（β）とに分けて考えてみましょう。

一般論として、後者の情的側面に歪みや崩れがあると、人間の平衡感覚がうまくやっていけないのです。そして、この後者の欠落の問題に気づかないままに、前者の論理的処理能力を、いかに高めて、他に勝る優れた、例えばですが、技術屋さんになったとしても、その優秀さでは、後者の内面に受けた歪みというものを少しも解決できないということです。

金沢についてみれば、それは百万石の金沢城です。それを中心にして展開してきた地域です。それによって地価が決められたのです。金沢城からの近さによる序列が、一方的に力によって否応なく肯定され、これが独り歩きして、富山や大聖寺に対しても、失意の押し付けの元凶になったのです。事の成り行きとして、それらの地域の人たちは自然で伸び伸びとした性格のはずが、ひょんなことで抑制へとつなげられてきたのです。つまり、方言の価値は、歴史的には、土地の石高と城からの距離に根差すものとしてあったのです。「百万石の石高」と「属国の石高」の落差は比較を超えているわけです。その各々に各方言と領民が付属物であるかのように見なされてきたのです。この点では、方言は、石高の論理に即したもので、人間をつくる論理ではなかったのです。今後、方言が人間の論理へと転換されるには、人間の気づきによるジャンプが求められることになるでしょう。

語彙の比較

加藤和夫『新　頑張りまっし金沢ことば』／前川久宜『金澤言葉あれこれ』／佐藤亮一『全国方言辞典』／真田信治・友定賢治『地方別方言語源辞典』――以上を参照した。

（順不同）

金沢地域	富山地域	
あいそんない	あいそんない	（物悲しい）
てきない	てきない	（肉体的に疲れている）
いちがいもん		
頑張りまっし		
寄りまっし		
来まっし	来られ	
食べまっし	食べられ	
あんやと		
はがいしい	はがやしい	
～がいね、がいや		

あたる
こわす
こわい
ごぼる
たるき
りくつな、りくつなー
気の毒な
じゃあま
添い合い
おんぼらぁと食べまっし
どぶす
かたい子
うまそい子
校下
おしこみ
おぞい
うざくらしい

あたる
こわす
こわい
ごぼる
かねころ　　　　（巧みな、面白い）
気の毒な　　　　（妻）
なじみ添い、添い合い　（恋愛結婚）
　　　　　　　　（気楽に、ぼんやりと）
かたい子　　　　（下水の溝）
うまそな子
校下
おしこみ
おぞい
うざくらしい

ちゃべ
やわやわと
もだかる
あてがい
おつけ
しっとるけ
そうけ
こそがしい
こちょがしい
ちご、ちご
一題目
なーん
けんけんの鉛筆
きときと
はべん
まいどさん
へいろく

ちゃべ
やわやわと
もだかる
あてがい
おつけ
しっとるけ
そうけ
こそがしい
ちょこましい
（違う）
一番
なーん
（先のとがった鉛筆）
きときと
かまぼこ
まいどはや
（こっけい）

長いこって
おあがりあそばせ
しなしなーとしとった
せんなん
たんち元気か
ちょうはい
だちゃかん
こーた
げっと、げっとくそ
はがいしー
だら
ぎゃわず
あのっさん
おーどな

（お久しぶりね）
（しなければいけない）
（子ども元気か）
ちょうはい　（嫁の里帰り）
だちかん
こーた
げっと、げっとくそ
はがやしー　（悔しい）
だら
ぎゃわず
あのっさん
おーどな

富山地域

一　食べられ、飲まれ、暑いちゃ、そうながいちゃ

どこいくが、何食べるがけ

~け　こっちにこられんけ　（差支えない）

なーん、つかえんちゃ

あんたにもそのうちおくっていくすわ

~ていくす　（~てくれる、~てやる）

はらうい　（腹が一杯、食べすぎ）

あしめる　（当てにする）

いのく　（動く）

うしなかす　（失う、無くす）

かたがる　（傾く）

かりやすい　（簡単だ）

しょわしない　（心が落ち着かない）

だやい　（だるい）

すぐにばんばいするさかい

ばんばいする　（償う）

~ま、~よ

はよせいま。なんしとるがよ　（早くしろ、何をしているんだよ）
またいする　（しまう）
まめ
めぐら　（まわり、めぐり）
やこい　（やわらかい）
やくちゃもないことばっかゆーな
やくちゃもない　（とんでもない）
だいてやる
おつくわい

金沢城中心

生涯つきまとう「旅の人」

そこで金沢人のプライド意識と気位についてである。千年の都「京都」や、花のお江戸「東京」の人々がそうであるように、加賀藩の藩都金沢に住んできた人々のプライドは高い。

近郊の村々に対しては「ざいごさ」（在郷の意）と見下す。何かにつけて「百万石の城下町」という言い方もある。今やれっきとした金沢市内である金石や森本近辺の年配者は、ほんの三十年前まで、金沢の中心街へ出るのを「尾山（筆者注：天正～慶長ごろの金沢の異称）へいく」と言って十分に通用した。城下と近郊農村はきっちりと区別（差別）されていたことの名残だろう。これもプライドと気位の現れの一形態である。

小松の人たちに対しては「あーしに、くーつはいた小松もん」と言う。旧根上町出身の森喜朗前首相は、中学高校時代を金沢で過ごし、たびたび、この「あ」と「く」に強くアクセントをおく小松弁でからかわれ、田舎もの扱いされた少年時代を振り返ったことがある。

富山県人に対しては「越中さ」である。越中にも高岡と富山があって、微妙に違う。県内の小松、大聖寺も、また複雑だ。加賀藩以来の歴史的構造があらゆる点で今も残っているのはだれもが認めるところで、背景を次のように説明した郷土史家がいる。（後略）

（北國新聞社『おもしろ金沢学』pp.6-8）

金沢の人たちについては、その平衡感覚の装置が地域の勢いに刺激されて働いているようです。このことは、人々はその地が持つ色合いに動機づけられて生活し、彼らはまたそれに敏感に反応する様子をいいます。それに対して、富山ではその装置を忌避しているのでしょうか、どこかでそのことを認めつつも、それ自体が長期にわたって停止している、と形容していいようです。肝心な時でも、どこか別の方を向いて当てにならないという状態にいることでもあるのです。

多くの地域で普通に働くはずの、この平衡感覚の装置が外れているとしたら、どうなるのでしょうか。そのことは、人々の論理的、情報的な処理能力においてどのように優れていても、人間としての敏感さを普通に育んでいる人たちと同様に振る舞うことが難しいことを示していると思われます。


小松、高岡は部下だった？

小松や高岡は一応城下町だった。が、金沢の殿様を知事とすれば、小松と高岡のトップは局長か部長クラスにすぎない。大聖寺や富山は支藩とはいえ独立した存在だから、そこの長（藩主）は格の違いはあっても同じ「知事」である。ねじれに似た感情が小松、金沢、高岡、富山の間には長く横たわり、金沢市民のプライド表現の端々ににじむ。つまり小松は「金沢社長」の部下の一人。高岡は元身内の局長か部長の一人。富山市はもともと子会社の社長程度、という具合である。

こうした金沢人のプライド意識は、一つには加賀藩主を頂点とするピラミッド型支配を厳しく維持してきた歴史の産物であろう。またもう一つには、支配中枢の「お城」を守る城下の町々と、支配される村々を厳密に区別する統合意識を背景にしているようだ。

（北國新聞社、前掲書 pp.8-9）

ここに「富山市はもともと子会社の社長程度」とあります。ここにはしかし、「石高《こくだか》社会」

と「民主主義社会」との比較を超えたはき違えが見られます。これは一つの例として上げられているようですが、情報過多の現代の子会社と違って、情報も何もない時代における富山城城主です。領民には何も告げられないで実施された体制でした。大聖寺藩と同じであれば、富山の殿様は形だけの殿様で、実質的には金沢の殿様が江戸時代を通してずっと富山の殿様であったわけです。

ピラミッド型支配とか、その統治意識と説明されていますが、その二つが実質的にどのようなものであったのかは、領民には不明なのです。

ピラミッド型支配といわれても、金沢ではズコ（頭）の高すぎる意識、富山でいえば、何となく焦点が合わず、気力が一つにまとまらず、そっけなくせざるを得ないという意識というように違っているのです。

このことは、金沢から見ても、富山から見ても、段差が大きく違うそれぞれにおいて各々の方言が習慣化し、惰性化しているため、富山ではそこから抜け出て、楽で自由な呼吸をすることができないことをいいます。二つの方言が持つ大きな段差とは多くの場合、段差のある旧来のもの、旧弊から抜け出られない、抜け出させない、といった段差における自動化・空洞化の力です。しかし、旧弊でもこの段差を良しとしてしまって、人々はここからなかなかに抜け出せないのです。そこから勝手に出ようとすると、各々においていじめの対象にもなるからです。

どの地にもそのような方言の惰性化がみられると思われます。それが当たり前とされるような中で、特に金沢を中心に、ピラミッド型に即した統治意識が本質的に崩れないままに今日にも続いているとすれば、怖いことです。ですから、そのような支配への懐疑があっていいのです。

お城との距離で格違う

例えば同じ城下町でも、尾張町一帯には「石垣下」という言葉が今も残るように、お城との距離の近さに町の格差を誇った。明治になって組織された「連区」にも、地域格差が露骨ににじんでいた。これもお城と町との距離による区別が反映してのものだった。（中略）日本列島の真ん中にある大きな城下町であれば、参勤交代が行き交い、文字通り旅の人が行き交う場面も存在するのが普通である。ところが、金沢という城下町は、加賀藩以外の者（大聖寺藩のみは別だが）は通る必要のない町だった。他藩の行列が通らない、極めてまれな、よく言えば独立した、悪く言えば閉鎖性を生む大城下町だった。たまに「旅の人」が紛れこむと大変だったに違いない。

そのように、人も町も藩主と城を中心にして区別を際立たせる（ときには差別する）ことによって藩政時代は成り立った。その根っこのなかで、「われわれ金沢の住人はほかとは違う」という「ずこ（頭）の高い」、つまり気位の高い城下町独特の「プライド意識」が生まれ、今に続いていると分析しても、あながち的外れではないだろう。

（北國新聞社、前掲書 p.9）

このように説明されていますが、現在に至ってもなお、この「閉鎖性を生む大城下町」由来とされるプライド意識が生きているとすれば、そのこと自体が、恐らく今の金沢人の成長にとって弊害でしょう。

県民性

今日の金沢人を代表とする石川県の県民性については、県外人からは、強気、保守的、陰気、わるがしこい、しつこい、独創的、とっつきにくい、消極的などと評されている。一つ一つをみれば当てはまる人が確かにいるから、一応妥当性があるといえる。

しかし内側からみると、忍耐強い、寡黙、深く思索的、一途、秘めた情熱という項目もあげることができる。（中略）

今日の社会は「経済」によって結ばれている場合がほとんどで、損得勘定がコネ社会を成立させているというべきだが、金沢の場合はそれに加えて「精神の同一性」を求める場合が多い。人と人は利害で結ばれていると考える「えんじょもん」（筆者注：遠所者、県外出身の人）は、何か手応えのない苛立ちを覚えるのであろう。

「利害が一致するだけでは仲間になれない」と思ってみれば、金沢のコネ社会は実に懐が広く深い、そして信頼度の篤い特質を持っていることが理解できよう。いったん信頼関係ができると、金沢は実に居心地のいい町なのである。

ただし、金沢市民はもう少し、「えんじょもん」に心を開き雅量を示すべきではある。

（北國新聞社、前掲書 pp.12-13）

まずはここで、県民性の保守的という点について見てみましょう。金沢方言が持つ側面からいうと、それは見識が高いように見えます。このことを近づきにくさと、言い換えてもいいかと思います。しかしそれはまた、やはり金沢方言も惰性的で、他を寄せ付けない独りよがりの淵にはまってそこから抜け出ることができなくなっていることを物語っているのです。

次に「金沢という一極性」についてです。これによって地域特性にこだわり、その孤立性を見せてもいます。また「精神の同一性」とここで表現されています。これも方言が陥る「惰性化」の一つです。金沢的惰性化です。筆者は、この「精神の同一性」に当たるものを「心情の同一性・序列性」と規定します。それは、概念的な側面のものではなく、つまりそれはどこまでも概念的な認識とは無縁な「心情的な側面」の様態なのです。

言い換えると、日本人は単数性をテコにした個存在として生きていないのです。彼らは繋がり合い重なり合って「心情的な一体性に包まれて認識する者」そして、「心情的な序列性に羽交い絞めにされて認識する者」なのです。ですから先輩に、年長に、気心の知れた人に従って、いろんな事情を直感して理解し、安心もしている性格のものです。

これに対して、欧米で実施されている民主主義は、その既成の考え方からして、それ自体が概念的な産物です。さらには、欧米の人々はその既成の在り方に対してindependentにその人が批判的に判断して行動できる個存在としてもあるのです。基本的に個というものは「I think」が持つ在り方から生まれるものです。そのため、欧米の民主主義に対して、日本は、心情に即し判断するという点では心情民主主義と理解すべきです。すなわち、「I think」を日本語に訳して理解することによって民主主義の内容が根本的に歪められるということです。

ここではまた「いったん信頼関係ができると、金沢は実に居心地のいい町」と述べられています。そのような信頼度はすなわち、心情の同一性と序列性とが絡んだところに生まれるものです。外から入ろうとして、排除される可能性を持ちつつ、そこで働く機微の働き方一つで、受け入れられもすると知っている必要があるわけです。

そのように「心情の同一性」に根差す金沢的な出来事にプライドを感じ満足していては、それがどのような矛盾点を持つかに関し、金沢弁を話す人たちが認識することは難しいようです。この気づきは、どこに心情的な一体性を感じ、どこに心情的な序列性を覚えるかによるのです。

この種の難しさは当然富山にも普通に見られるものです。「例えば、掛尾町などを指して、あそこは、ざいご（在郷）だ」といっていたわけです。そんな時は、無意識に旧富山町が念頭に置かれて発言されているのです。また、旧町から続く固定的な人間関係やそれに連なる多くの企業を通してつなぐ一体性・序列性、いくつもの業界を通した一体性・序列性なども、頑なに古さを示しています。これらが、人々の付き合いを表面的・空白なものにとどめ、形骸化していても、そういう心情的な一体性を是認して、それに同調しないわずかな人たちを拒絶してもいます。

それではここから井手英策が示した見解について考えてみましょう。

最初に、「気弱な県民性」について、そして「売薬と県民性」について、その次に「教育と県民性」について検討します。

まずは、福岡県生まれの井手は、富山県民の「気弱な点」について以下のように説明しています。

（前略）富山はUターンで出生都府県に戻る人の割合が非常に高い。また、（中略）他県に比べ、社会移動数は、転入率で見ても、転出率で見ても非常に低く、かつ両者が接近している。富山人は出ていかないうえ、出ても戻る人が多いということだ。

他県に魅力を感じて移動する県民が少ない、戻る人が多いという意味では、自県を愛してはいるのだろう。

だが、その思いは自県に対する「自信」にはつながっていない。ブランド総合研究所の愛着度、自慢度調査を見てみるとその順位が意外と低いことにおどろく。

（井手英策『富山は日本のスウェーデン』pp.137-139）


これを言い換えると、仲間と一緒にいる方が安全、飛び出たことはしない方がいい、と思っているのです。つまり、自県は勢いがなくどこか一歩足りない県だという意識がどこかに潜んでいて、そんな思いがとれないというわけです。

ただ、この自然教育をめぐっても、不思議な「富山らしさ」が顔をのぞかせる。先にふれたように、富山県民は自分の県に誇りをもっていたとしても、それが他県よりも自県が優れていると感じたり、より深い愛着をもつといったりする方向にむかわない。（中略）
「文科省の調査で『海、山、湖、川などで遊んだことがありますか』『動物を飼育したり、花や野菜を育てたりしたことがありますか』と聞かれたとき、『何度もあった』と答える子が大都市の平均よりも少なかったんです。こんなことありえないのですが、彼らにとって、豊かな自然があること、それらとかかわっていくことは、当たり前すぎて特別なこと、記憶に残ることではないのかもしれません」

「当たり前すぎる」という表現は富山を知るうえでのキーワードのひとつだ。さまざまな「豊かさ」が当たり前すぎて気づかない。

（井手、前掲書 p.144）

それほどのことはしていない。己惚れることがあるとしたら、他に目立ち、叩かれる原因になるのです。威張ると碌なことがないと思っているのです。目立たないことが大事。あんまり遊んではいないと印象づける傾向があるのです。また小さな都会という雰囲気がそこここにあって、実際にはわざと自然に入ってそんなに遊ぶこともない富山の人たちなのです。そして大事なことは隠しておく方がいいとされている面もあるのです。また、見方を変えて言えば、自然が豊かだといわれても、周囲はむしろ自然だらけなので、そのせいで自然というものに無感動になってしまっていると言うべきでしょう。

「なーん、そんなことないちゃ」

僕はこの一〇年のあいだ、富山に、何度も、調査に出かけた。そのたびに出会ったひとつのフレーズがある。それは、「当たり前すぎて気づかない」という言葉だ。

豊かな自然、美味しい食事、住みやすさ、働きやすい社会――これらをほめると「なーん、そんなことないちゃ（ぜんぜんそんなことないですよ）」という言葉が返ってくる。そして、いろんなデータを示し、富山がいかに個性的かということを伝えると、みんな目を丸くして「当たり前すぎて気づかんがですかねぇ」と首をかしげる。

県外への移動を好まない人たち、ふるさとに生まれ、育ち、そこで生きていく大勢の人たちにとって、富山の「ゆたかさ」はあまりにも当たり前すぎて、ことさら取り上げるほどのことではないかもしれない。

ふるさとに愛着心をもち、自慢することが少ない富山の人たちのメンタリティは、おそらく、他との比較の機会にめぐまれない暮らし、好き嫌いの問題ではなく、気楽で落ち着くふつうの暮らし、そんな日常のなかで育まれているのかもしれない。

しかし、「当たり前すぎて気づかない」というのは、ある種の思考停止状態でもある。そして、この思考停止は日本全体を覆い尽くしているように思う。


（井手、前掲書 pp.188-189）

普通には、山がよし低くてもふるさとの山には限りない魅力がある、と思っているのがふるさとへの愛とされています。しかし、富山の人たちについては、一面での、良い意味でも悪い意味でも、客観的なものを判断する目ではなく、他面での、その中身がどのようであっても、慣れたものに限りない安心を見いだす内向きの目が育っている、凝り固まっていると言った方がいいと思われます。

一般的には、客観的な問いには客観的な返事がなされるべきなのです。しかし、それが期待できないわけです。ですからその子の心情に根差した言い方をするのです。知らない人には心境を吐露できないと思っているため、当たり障りのない返事をするのが常ということです。

「気がつかない」と答えるのは、「自慢」しない習慣にあるからです。「まあまあ」のところにいるんですよという思いを示すのです。他人に本音はそうそう簡単に言うものではないと思っているのです。

また、「豊かですね」と他の人に言われるものではないと思っているのです。実際は思いとしては貧しいところが一杯あるんですよ、自分にはまだ何とかしなくてはならない、いくつものことがあると思っているのです。そんなことを他の人には改めて口にして言われることではないとしているのです。わざわざ口に出していわれるということは、本当は貧しいと言いたいのかと、逆に聞きたくもなる心境にもなるのです。

私は貧しさにまだまだいるっ、というんですか、これ以上何をしたらいいというんですか、ということにもなるのです。精一杯です、これで「まあ普通」なんです。ということです。

別の観点からいえば、そのように、「気がつかない、普通だよ！」と答える心境の方に注意して聞くべきなのです。どうして「気がつかない、普通」と答えてしまうのか、その理由に関心を持つべきなのです。内面のどこかの領域で無意識に担いでいる重いものがあるから、「普通なの！」と答えていることに気づくべきということです。

富山の子どもが「気がつかない、普通なの」という仕方で答えるその答え方も、この地方独特のもので、その点で一種の惰性的な答え方であるのはその通りなのです。

「気がつかない、普通」と答えてしまう、そんな心境はどこから来ているのかを推測してみれば、次のようなところにあると思われるのです。すなわち、彼らが感じているその重さも、彼ら自身それはどうしてそうなのかについては少しも分かってはいないのですが、一方的な被支配を強いられた富山藩制時代以来の歴史によってもたらされた空虚さに由来する、思考停止に当たるもの（一）と考えられるのです。

それで、子どもたちの多くも、そういう雰囲気を感じ、それに沿った返事を当たり前のようにしているのです。

さらにまた、「気がつかない、普通だよ！」という全国に蔓延する平凡な答えもまたあるのです。これももちろん思考停止に相当するもの（二）です。しかし、一般的にはそんな返事はよくないのです。

そのため、的確な自己認識をしないで、ただそのような平凡な返事が来るからといって、富山の子については、必ずしも心情に根差した返事は全国に見られる思考停止に当たると把握しない方がいいわけです。

言い換えると、富山の子についていえば、彼らの多くは二重の思考停止といえる内面状況に陥っていると考えられるのです。この面での停滞もあって、富山藩制時代に刻印され、強いられた思考停止に気づかず、そこから抜け出ることができていないようです。

次に「売薬と県民性」についてです。

富山の人びとが売薬で生計を立ててきたことにしばしばふれてきたが、売薬業と富山の県民性について、『富山市史』は、これを市民性に置き換えながら、次のような浜田恒之助の分析を紹介している（内容は井手が意訳）。

・妻子を故郷に残し、大海を渡り、販路を世界に求める進取の精神
・行商の過程では、勤勉で倹約し、欠乏に耐え、わずか人肩の荷物に生涯を賭ける精神
・病を治すのが先で、利益は後でよいという考え方は、一度、天災地変に見舞われれば、大損失とむすびつくことも少なくないが、それでも取引先を変えない堅忍持久の精神
・各県、各国を遍歴し、世界の情勢を観察しながら広い知識を習得する精神

こうした精神が工業立県を可能にするという浜田の指摘は、大正末期以降の富山経済の発

展を考えたとき、深くうなずけるものがある。

（井手、前掲書 p.91）

売薬という業は、地域として徒弟関係が密で、人々は子どもの頃から計算能力が大変強かったために、この地に定着したと考えられるのです。

それでは、この地域の「教育と県民性」についてはどうでしょうか。

売薬に関しては「まずは貧しさありき」で進められ、それを支える面として、各家庭の人間関係が相互依存的につくられていたことがあると思われます。

しかし教育に関しては、そう簡単に性格づけることはできないようです。それでは、井手の見解をみてみましょう。

富山人は自他ともに認める教育熱心な県民性を有している。僕が富山を訪ねてきたこの一〇年のなかで、このことを何度聞かされたかわからない。

だが、江戸末期から明治初期にかけての教育状況を見ると、県内の教育格差が非常に大きく、さらに「女に勉強はいらぬ」という性別間のあつかいのちがいも大きかった。

近代的な小学校教育がはじまった明治初期において、男児の就学率は全国平均並みだったが、女児の就学率は全国最低に近かった事実は、そのことを如実に物語っている。

だが、明治一〇年代になると、こうした状況は少しずつ改善されていく。『富山県史』の表現を借りれば、担当者が「説得、勧奨、懇請、督促、強圧、哀願とあらゆる方法を尽くして涙ぐましい努力」を行った結果、就学率は明治四〇年代にほぼ一〇〇％になったのである。

（井手、前掲書 pp.102-103）

これは、きわめて涙ぐましい努力がなされて、学校教育がこの地域で開始されたことが理解できる表現です。就学率は明治四〇年代にほぼ一〇〇％になったとされていますが、問題はその中身であろうと思われます。「女に勉強はいらぬ」という考え方については今なお厳然としてあって、これを体質として是正する難しさがあるのです。

この時期の教育現場を見ると、とてもおもしろいことに、富山県民の競争意識の強さ、より正確にいえば、同じ県内、地域でありながら異なる地区や集落に住む人たちへのライバル意識のようなものを知ることができる。

たとえば、就学率をあげる対策として「小学校標旗掲揚心得」が示され、就学率を示す旗を長竿に立てて校庭に掲げさせ、学校間で就学率が競わせられていた。

小試業・中試業・大試業と呼ばれる小学校の試験も同じだった。とくに大試業は、県官、区長、戸長の監視、多数の父兄参観のもとで行われ、成績優秀者には賞状や賞品を与え、それを区会議所で公示して村落や一門のほまれとした。

さらには、数校単位で生徒を集めて試験する合同試業、さらに優れた生徒のために一度に何学年も進級可能な「飛び級制度」が設けられたりもした。（井手、前掲書 p.103）

県民が持たされた競争意識ですが、上から下へという形でそのような意識が植え付けられたのです。ここに「異なる地区や集落に住む人たちへのライバル意識のようなものを知ることができる」とあります。しかし、旧加賀藩地域と旧富山藩地域を含め、地域によっては、暗黙の差別の対象の地域もあったと思われます。ですから、このようなやり方が良かったかどうかです。

さらに、ライバル意識はあっていいのですが、上から下へとしか動かない意識にひそむ問題点が問われていないことが気にかかります。上から見て必要とされる競争意識です。それで、ここでの生徒たちは上から必要とされて動く人材であったように思われます。つまり、これでいいのかな、というように、下が発想していろいろな疑問を持つことが基本であるべきなのです。上からの指導による競争意識は今もそのようですが、これが普通であれば、それは「気弱な人たち」をさらにそこへと追い詰めて、既成の枠をはみ出ない人たちへと萎縮させてきていることになります。

こうした教育における強い競争意識と、経済成長への志向とが一体となり、富山では、戦後、注目すべき教育体制が整備された。いわゆる三・七体制である。

戦後における富山県の教育は、産業教育と地域開発をめざす総合計画のなかに教育までも組み込んだ点に特徴があった。

たとえば、第一次総合開発計画では、「産業性の見地から教育構造を全面的に近代化する」ことがうたわれ、高校普通科を減らし、職業科を拡大することが目標に掲げられた。

一九四九年時点で六五％対三五％だった普・職比率は五九年には四五％対五五％になった。「第二次県勢総合計画」において、七〇年までにこの比率を三〇％対七〇％にすることが掲げられた。これが、三・七体制である。

この体制は、普通科に進学を希望する学生を職業科に押し止め、産業界に質の高い人材を供給する役割を果たした。その意味では、たしかに「ものづくり県・富山」の経済的な優位性を支える面を持っていた。

（井手、前掲書 p.104）


ここで「産業性の見地から教育構造を全面的に近代化する」とありますが、それはいいとしても、この考え方は、人間の自立の見地から判断して、教育構造を非近代化したままに据え置くことなのです。つまり、女性も男性も伝統的な人間関係に留め置かれることです。これでは、若者や女性の田舎離れは避けられないと思われます。

「普・職比率が三・七体制」でもいいのです。そのなかで、どうにかして「人間の自立」へのきっかけを見つけることができればいいのです。しかし、その余地がほとんど見えないのです。それとともに、「富山県の教育は、産業教育と地域開発をめざす総合計画のなかに教育までも組み込んだ点」とありますが、この事実にも、マイナスがあったと思われます。

敗戦後ですから、公教育としては富山県に閉じこもらない教育のあり方が当然求められたわけです。その時点から世界に開放された富山の教育が開始されるべきであったのです。

富山の子たちも、「地球の子」「アジアの子」「東南アジアの子」「東アジアの子」「極東の子」「日本という国家の子」なのです。富山県の産業に閉じた教育であるとすれば、それは、これらの視点を忘却してなされたことなのです。ですから、産業教育と地域開発をめざす方向へと進むとともに、「東アジアの子」のように、それら「忘却された人たち」といかに共生して生きるかを当時から真剣に学校で互いに学び合うべきであったのです。今や「環日本海時代」とされ、「美しい湾クラブの一員」と言われているようです。であれば、日本海をへだてた隣国とその人々との共生を意識する教育は大切と思われます。

戦前は、人々は国家の繁栄という枠に拘束されて生きるしかなく、それ故に、失敗した側面が強いのです。しかし戦後はこれにこりずに、国家の近代化を前面に出したことはいいのですが、これとともに地方自治に焦点を当てるという理由で、郷土やそこで育まれた人間関係にウエイトを置く形で、人々は、県が設定する目標に閉じ、その繁栄・凋落とともに生涯を終えることが期待されてきているのです。

生活次元の安定性を取るという面では、それでいいとする人たちもいると思われます。でもそれでは窒息感が大きいのです。女性の位置は依然として低く、自由に生きる機会が少ない、いや今も従属したところに置かれていると言っていいのです。

井手はまた次のように続けています。

だが他方で、進学先の振り分けが徹底されたことによって、普通科の進学をめざす学生はエリート意識を持ち、教育の現場には「点数主義」がはびこり、中学校側の教師の競争、教室内では生徒どうしの競争が激化した。さらに、富山県では隣接学区への進学を認めていたため、学区間の受験競争もいよいよはげしさを増した（北日本新聞社編集局編『幻の繁栄―差別と選別教育の二十年』）。

このように、県民どうしの教育をめぐる競争意識は戦前から戦後へと見事に連続した。（中略）富山県は全国的に見て子どもの学力が明らかに高い。

富山県民が「教育熱心だ」というとき、明治期以降の教育後進県から脱却しようとしてきた経験、あるいは共同体内の優劣をめぐる意識の強さ、経済成長の一環に組み込まれ、しのぎをけずるような教育政策とが結合した結果、教育に「熱心にならなければならない」という現実がつくりだされたのかもしれない。

（井手、前掲書 pp.104-105）

井手はここで、「(これこれ)が結合した結果、教育に『熱心にならなければならない』という現実がつくりだされたのかもしれない」と述べることで、富山県の教育の現状をとてもうまくまとめています。

しかし、『幻の繁栄―差別と選別教育の二十年』という書名が示す如く、その内実は幻のように見えるのです。その差別と選別を支えた原動力は何なのかです。親と子どもたちの、えも言われぬ辛苦があったのです。それにもかかわらず、それを乗り越えて、それでも差別と選別を乗り越えてきている、その原因は推測できると思われます。

そのような幻を受けて、人々は教育後進県から脱却しようとしてきたのです。そのように、言うに言われぬものとは、何なのでしょうか。

富山県として一つに閉じ、小さく身をまるめ、しっかりまとまって、その中で差別や選別があり、互いに傷つけあうとしても、それをテコにして、なおそれをやむを得ないとして、県として一つの成果を上げたかったのだと思われます。長年大きく組み敷かれてきた金沢、それにまとまって力を合わせ対すれば、肩を並べるところにも来ることができる、ということを示したかったのであろうと推測できます。

ですから、この井手のまとめを一つの成果であると仮定しましょう。しかしその成果で満足していいのでしょうか。現実に、子どもたち自身が彼らの内面で大きく傷ついて日々生活しているのです。

それは、少し前に垣間見た「二重の思考停止」です。気づいていなくても、子どもたちはその重さを抱えて生きているのです。その課題をいかに克服するかが大きな問題ですが、それは放置されたままなのです。

教育については、大きく次の三種類の性格に分けられます。

①この地域では「女に教育はいらない」が特徴的です。

これが、貧乏には勝てないことから「効率のある労働力」へとつながっています。「判断力を身につける学習」は忘れられているのです。今もこの見方が強く、このままでは、忘れられていい存在という意味で、第二の売薬業者とされる可能性もあるのです。当面それぞれの家庭経済を支える存在でいいと見られている可能性もありえるのです。言い換えると、一つには、「管理職型女子教育の不要」ということでもあるのです。

②「競争意識」の強いことがもう一つの特徴です。

これが「知識量とその正確さ」を競う学習へとつながっています。このことは、生徒たちが点数主義へと追い立てられていることを示しています。そして、点数主義へと走らせ、女子も男子をも、「女に教育はいらない」「人間を考える教育はいらない」へと追い込んでいます。

つまり、知識の中身についても、学習者の人間がどのようにあるべきかというように自問自答し、その中身に光を当てることへと向けて使うことは不必要とされているのです。さらにこの裏には、金沢との競争意識が尽きることなくあるのです。

③さらに「実利的意識」が強いことです。

この意識が特徴で、それが「女性の労働」と「三・七体制」につながっているのです。この「三・七体制」は「県内の職業的な技能層の拡大と安定」と「エリート育成」へ、つまり「県内のピラミッド型秩序の維持」へと行っています。実際、学校で成績の良くない位置に置かれた生徒たちの、エリートといわれる人たちに対する、教育がつくっている劣等感は殊に大きいのです。仮に県内を身内とすれば、その身内同士で競争をさせ、そのように競争でぶつかり合わせることが教育熱心ということでは、生徒たちの間に不信感が尽きないのは当たり前です。

この三種類の性格において最も忘れられていることがあるのです。それは人間です。それは、（α次元の育成である）技能的な側面での訓練が大きな比重を占めているせいです。その側面から生徒たちを評価するだけでは、彼ら人間を都合よく便利にこき使っているだけという色彩が強いのです。

それを避けるとすれば、課題の一つは「三世代同居」をいかに扱うかです。

これがはらむ問題点について井手（前掲書 p.111）は、「こうした『女性の富山離れ、イエ離れ』は、三世代同居率の低下と無縁ではないだろうし、こうした富山社会の土台が揺らげば、富山の『ゆたかさ』は、近い将来、大きく損なわれてしまうかもしれない」と説明しています。

以上のように井手は指摘していますが、しかし、ここにおいて忘れてはならない第一の危険性は、女性の存在を実利的、技能的な側面から評価する傾向が強いことにあるのです。

それでは、果たしてその働きは「富山社会の土台」でしょうか。歴史的に見ると、女性が土台でなく、踏み台の働きを強いられてきたことは事実であり、女性の富山離れは確かに困ることです。それでは、「女性のイエ離れ」「女性の三世代同居離れ」はダメなのだろうか。

少なくとも今後については、女性という存在を犠牲にした「ゆたかさ」はおかしいと把握することです。この視点がこれからの富山社会の取るべきスタート地点と考えられます。

ですから、行政組織が、そして習慣が主人として君臨するのではなく、下からの発想が生き、その是非が議論され、多くの人たちの見解へと集約されること、すなわち若者たちが主人公として扱われ、周囲を、地域を、彼らの手がデザインできる社会へと変わってゆくことが大切です。このことは、下からの発想がみんなの思いへと実質的に結実すべく、人間に視点を置き直す富山弁によって可能となると思われます。そうであれば、女性自身もこの社会の必須の構成員だと自覚することができ、そこで初めて一個の人格としてこの地域に存在し始めることができるのです。

　つまり、服従が基本の人間関係が暗示されていては、ダメでしょう。

　言い換えると、言いたいことが言えず、実利的、技能的な側面を中心にした繋がりでは、女性たちに、そして人々に、人間の内面における情熱を育み、真の自信をあたえ、かつそこで深い癒し（β次元の活性化）を味わう機会を保障しにくいということです。

　どれだけ知識中心の教育を万全にし、そこで自信を得ても、内面での劣等感は消えることがないのです。人々における内面においてそれぞれの心底からの情熱が湧かない、癒しもない、すなわち、その場その場での、そして大切な決断が求められる場での、判断放棄が避けられないという問題があるのです。というよりも、このような表面的な教育をすればするほど、内面における癒しが奪われ、内面的な不安が深まっていくわけです。

　しかしそれにもかかわらず、次に人々の集め方について話題を移せば、そのように内面の癒しへとつながらない不毛な人々の集め方が、この十年間に見られる行政組織がやってきていることです。それはつまり、「プラットフォーム型施策」というやり方です。行政組織のやり口は、多種類のフェスティバルやイベントなどを各地で開催して、にぎやかさをつくり、そこへと若者たちを集めるという一種のベルトコンベヤー式の作業の設定です。

　言い換えると、行政組織が企画する「プラットフォーム」の考え方に合致する種々のイベントを各方面から集め、そして、それらに興味を持ちそうな人たちをそこへと誘うやり方です。ですから、そのやり方は人びとを限りなく受動的にしているだけなのです。その方式はそのことで、それぞれの人たちから大切な企画能力を奪い取っているのです。そのようなやり方が恒常化すれば、人々はそれ以上きちんと考えなくなり、目の前にしつらえられた表面的な豊かさに満足して、時を楽しんですごすことになるのです。

しかし井手はこの考え方とは反対に、「プラットフォーム型都市形成」を評価して、次のように説明しています。彼がここで指摘するように、行政によるテコ入れは不可欠なのです。しかし、そのテコ入れの仕方については、あくまでも住民を主人公にしてなされるべきなのです。

保守的なものから生まれる社会化、普遍化の波

もはや、この危機は、コミュニティの連帯や助けあいでは克服できない。だからこそ、よそ者を受け入れ、家族や地域のもつお仕着せがましさをつくりかえ、教育の枠をはみだして家族と過ごすことの重要性を地域が訴える動きが起きる。

さらには「サービス・プロバイダー」から脱皮し、人間どうしの横のつながりをつくる「プラットフォーム・ビルダー」へと変貌を遂げようとする行政の姿、薄れゆく家族のようなつながりを再生する試みも観察された。

このように理解したとき、これらの自治体、地域の取り組みを保守的だ、家族主義的だと批判することにどういう意味があるのだろうか。

（井手、前掲書 p.197）

行政こそ主役と考え、そこから問題を抱えた住民に手を差しのべる。この見方、つまり、上から下へと流れる上下意識も良いように見えますが、そうであれば、行政から住民への押し付けも各所に露出してくるのです。

そしてこの延長線上にこそ、富山市議の大量辞職という前代未聞の不祥事もおきたようです。

そのことについて、チューリップテレビ取材班は以下のように伝えています。

答申は「10万円引き上げは妥当」

2回目の審議会から6日後の5月19日、審議会の須藤会長は森雅志市長に、月額60万円の報酬を70万円に引き上げるのが妥当と答申した。議会が求めた月10万円以上という引き上げを認めた形だ。これにより富山市議の月額報酬は、全国47の中核市の中で、金沢と東大阪市と並び最高額となる。

（チューリップテレビ取材班『富山市議はなぜ14人も辞めたのか』p.8）

しかし、この説明ではどういう理由で引き上げが妥当かははっきりしていないわけです。表には出せないけど暗に、金沢のそれと並びたいと思ったのかもしれません。でもはっきりした説明が必要ということで、次の問いになっていると思われます。

議員報酬引き上げ問題を伝える中で五百旗頭《いおきべ》（幸男、番組キャスター：筆者注）が疑問を抱いたのは、市議たちが議員のなり手不足を引き上げの理由にしていることだった。日本の就労人口の８割近くを占めているのはサラリーマンだ。そのサラリーマンが議員になるためには、仕事をやめなければならない。おのずと、なり手の大半は自営業者になってしまう。そこにこそ、なり手不足の原因があるはずだ。「報酬が低いからなり手がいない」と言わんばかりの主張は、五百旗頭にとっては詭弁としか思えなかった。例えば、欧州のように議会の開催日を平日の夜間や土曜、日曜などにすれば、サラリーマンも仕事の掛け持ちで議員活動ができる。その仕組みをただちに日本でも採用すべきとは思わないが、そんな議会改革の議論がないままの報酬引き上げは全く理解できなかった。

（チューリップテレビ取材班、前掲書 pp.12-13）

原則的な問題として、市の首長が、議会に提案された議題を、流れ作業的に推し進めていって良しとしているかどうかです。しかし、筋論に無自覚に議事に参加しているだけであれば、報酬は引き上げるのではなく、引き下げてもいいはずです。そして議員として、市民から声を聴きながら、その市の課題にまともに向き合い、それを市民に定期的に戻しているかどうかです。それでも報酬引き上げの理由にはならないと思われます。

基本的には、人間においては、何をするにしてもその内面の成長につながっていくことこそが大切です。そうであるのに、このことに気づかず、市の行政を左右する情報を握っていることを自慢する人たちが増えていることに歪みが始まるのです。

問題は、市内の行政組織の位置づけ方ですが、これをどのようにしたらいいかということです。市内の主人公は誰なのでしょうか。そこに住む市民であり、人々こそが主人公なのです。決して行政ではないのです。行政は市民の自由な動きまでを上から仕切ってはならないのです。

しかし、どうも富山市の行政は、第一次が江戸時代の幕藩体制で、第二次が明治維新から敗戦までの体制とすれば、第三次幕藩体制での殿様であるかのように上に立って、市民の動きを年間を通し、スケジュール的に設定して仕切っているようにみえます。つまり、上から仕切ることで、人々のあり様を限定し、彼らが内面的に深める機会を奪っていても、そのことに気づかないのです。市民の内面のあり様がどのようにつくられるかについて無関心なのです。上から一定の条件を設定しておけば、市民はそれに従って動いてくれるものと思い込んでいるのです。

それでは、現代の市民の姿は上から与えられた条件の中で動くか、または、そこにたたずんでいればそれでいいとされることであり、それでは基本的に幕藩体制下の領民と変わらないのです。そうであるとすれば、領主からまともに相手にされても、されなくても、同様ということになるのです。つまりこのことは、形骸化していても領主を領主として成り立たせること（情に流され、何を求めて投票するかというような意識を欠落させた投票行動を含めて）ができればそれでいいということです。

また市民の方も、気づかないのですが、惰性的で、実質を欠いた空虚な方言に慣れてしまい、それに親しんでそれが示す秩序でも良しとして、一方的な上からの秩序が強いる姿でもいいいんじゃんと思っているために、何も言い出せなくなっているのです。

しかし、惰性化したありきたりの方言ほど怖いものはないのです。

その5月10日という日こそ、今から考えるとすべての起点だったのだった。森雅志市長が富山市特別報酬等審議会に議員報酬引き上げの諮問を行ったことを受け、10日に初会合が開かれ、何とその場であっさりと引き上げの方向が決まってしまった日だ。砂沢記者らは当然この日、それを取材していた。懇親会の場も和んで富山弁であちこちで会話が弾む中、砂沢記者は早々と取材のフォローアップで引きあげて行った。すでにチューリップテレビ報道の若い蒸気機関車が動き始めていた。彼らが議員報酬の引き上げのプロセスはおかしいという視点から取材を深めていった時に行き着いたのが、「市議会のドン」といわれていた自民党の中川勇市議だった。

（チューリップテレビ取材班、前掲書 p.191）

人間にとっての本来の方言とは、身をもって互いに慈しみ合う「中身を伴った方言」のことなのです。しかしこれが時とともにすり減っていっても、気づかないのです。そのため、それを避けるには、自らの土地がもつ文化を誇りにすることで足腰の強さを鍛えることです。そして、そのことから得られる思いを貫くという点で、その時々に求められる中身を運ぶ方言を大切にして生きることです。言い直すと、文化に鍛えられた足腰の強さがないために、惰性化した方言に誘われ、上司に服従して何とも思わず、人々は次のような行動をして正当化することになるわけです。

教育委員会については、情報漏洩のみならず、取材妨害があったことも記録しておきたい。私たちの取材に「中川議員の市政報告会は開かれていない」と不正を暴く事実を証言した公民館の館長を含むすべての公民館長に対して、生涯学習課長は「情報公開請求の対象」として「安易に利用状況の資料を見せることのないよう」指示していたことも明らかになった。そのため報道各社は、議員たちの公民館を会場とした不正の証言を取るのに時間を要した。

一方、市職員の情報漏洩問題について、森雅志市長は「議会事務局のトップは議長、市教委のトップは教育長」と制度論を盾に、「(自分は) 答える立場にない」としている。制度上「対岸の火事」とする姿勢だ。

(チューリップテレビ取材班、前掲書 p.156)

議員報酬引き上げの議案を6月議会に提案した森雅志市長は、記者会見で見解を問われてこう述べた。

砂沢「先ほど可決された議員報酬引き上げの撤回の条例改正案についてなんですけども……」

森市長「ええっと、議員提案で議会が議決したことについては、粛々と受け止めていくだけなので、ことさらコメントはありません。コメントすべきではないと思っています」

砂沢「個人的な意見でも構わないので」

森市長「だから、個人的であるにせよ、コメントすべき立場でないというふうに理解しています。それが制度論のなせる業。結果です」

(チューリップテレビ取材班、前掲書 p.165)

ここに示されている姿勢は、行政が上に立って仕切り、そして、その安定性を守ろうとするのみというものです。その故に、余計と思われる質問を振り切ろうとして問題が起きているのです。しかし、市議会議員とは市民による税金を受けて存在し得るわけで、そのことが議員も市長も見えていないようです。市民が報酬値上げには納得できる根拠が必要なのです。

とすれば、どうも首長が市民への責任を感じていないようです。それは、「上による上部組織の秩序の安定のための統治」に成り下がっているからです。

あの当時もそうでした。在地の人々が入れられない形で、越中万葉歌壇が成立していたのです。市民の税金が持つバネがかかって尚問題を起こした市議会と首長の逸脱を考えれば、その姿は、在地者を入れない形で万葉歌壇の品位を保った家持の姿に似ているように見え、それ以上に、人間への尊重を欠いたものです。

そしてここには、その歪んだ統治秩序を、声を出さないという仕方で下部組織から支える側面もあることが予想されています。つまり、下部組織の次元でも、思いもしないことが起きた場合、いかに見て見ぬふりをする多くの者がいるかということです。そうであれば、深刻な問題があるのに、それが解決されないままに、素通りしていることが推測されます。そこではいかに問題が起きても、実質的な問題にはされていないということです。言い換えると、そんなやり方が、市民一人一人の固有の発想の企画力をすっかり奪っているのです。

しかしそのことは気づかれにくいのです。つまりそれでは、市民各々の自発的な発想は生まれないのです。

弊害

金沢弁と富山弁との間の段差

この二つの間の段差には、好ましいものと好ましくないものとがあるのです。違いは当然あっていいし、あって当然です。

一藩内の段差もあり、前に扱ったように、江戸と広島、大阪と広島というように、後者が劣等感を抱くような段差もあります。しかしまた、高井（『越中から富山へ』）が述べているように、一方的に属国関係を強いられる中で、使用せざるを得ない相違、段差込みの方言もあるのです。

そのように、好ましくない相違があったらどうすべきでしょうか。それがあるとすれば、この方言差はどの程度のものかと問うことに迫られることになるわけです。そして、相違はどんな種類のものかを検討することになります。

先ずは、両方言での共通の語彙はどの程度のものかについて、大田栄太郎が示す例から見てみましょう。

明治四十二年に出た『普通語対照金沢方言集』（木村尚著）にしたがって、その方言が富山市で、どれくらい使われているかを、最初から一〇〇語を数えてみると、六六語が富山市と共通しているが、他は少し発音が違うか意味がずれている。いわば六割余りが共通しているが、他は変わっているということになる。

（大田栄太郎『日本の民俗16　富山』p.22）

金沢弁でもっともよく聞かれる表現の一つに「しましまにしまっしー」（縞々の服にしなさい）があります。「～にしまっし」という言い方には、ある格式の高さが暗に示されています。富山ではこの種の意識をもって生活することはまずないのですが、そうだからといって、度を超えて低く富山が見られるべきではないのです。度を超えた見方とは、どのようなことかと言えば、それは次のことを言います。明治九年四月から一六年四月までの間、越中の国四郡と能登の国と加賀の国を統治した「大石川県」とされる形態があったのです。この「大石川県」意識や百万石意識をもって、今日も富山の人たちにものを言うことがあるとしたら、おかしいということです。

次に、両藩の間のへだたりにはどのようなものがあったかを、見てみましょう。

富山大学教授坂井誠一氏の資料によると、

「……この度公辺に於て、種々のお取締まり厳格なお達しもこれあり、御本家においても相準じ、追々、有難き仰せ出これあり……」とか、「金沢表の御振り合いに準じ……」と見える程、なにかにつけ金沢表に対し、気働きし、遠慮がちであったことがうかがえる。

（大田、前掲書 p.21）

ここにあるように、ある遠慮があったわけです。思いもしない種類の遠慮があったと思われます。これは上からの指示としてのものではないようですが、必要を超えた遠慮をすべきではないのです。つまり、具体的な形が採用されて、「二重表の解消はなされたのか」です。しかし、実際的にはどの点においても「二重表の解消はなされていない」と思われます。その後も、二重表が解消されていないことが事実と認められるならば、民主社会に変わったことを意識して、金沢市は旧加賀藩に代わって、富山市に対して「適切な説明」をすべきであったように思われます。でも惰性化した方言に甘えて、恐らくそれは今もなされていないかと思われます。

歴史において犯されたマイナスは、やはり歴史の中で償われるのが当たり前ですが、いかがでしょうか。それがまた不可能であれば、現代まで生きて、加賀藩が辿った歴史に、一体性か、もしくは継続性に当たるものを感じて生きている人たちが金沢にいるとすれば、そのような一部の人たちが、その責任を負ってもいいように思われます。少なくとも、金沢市には、金沢城を中心にして富山市を考える姿勢を否定する姿勢があっていいかと思われます。

その姿勢がパブリックにされないとすれば、それはまさに弊害だということです。

富山弁の惰性化

さらに、弊害というとき、惰性化した方言パワーがあるのです。弱化した方言だと知らずに、これで良しと思って、それにしがみついてきたことにも、弊害を促進させてきた面があると思われます。何かを進める上で、「みゃーらくもん」と言われてもいいのです。それでも、自力で立つことを覚えるべきなのです。

自ら自力で立つ、という意識をつくりもしないで、北陸新幹線の開通をただ頼りにしている姿があまりに目立つのです。一時的にはそれに効果があっても、それでは将来的には弊害なのです。そのように、中身をつくることに気づかず、習慣に慣れ惰性化した方言に乗って安易にやってきた姿がいろんな段階で見られるのです。それが、市議会議員の堕落にもなっているようです。

一歩手前に自分を引かせるもの

あっけらかんとした人たちであれば、少しも躊躇せずに、「うちの学校にはこんないいところがあるよ」とか、「富山市はここがいいんだぞ」と言って、他の人に紹介するのが常のようです。

でも、よく見られる富山弁の性格として、それを話す人たちを、少し内向きにしているか、ある程度引き下がらせた心境にいるようにしむけているというように、自分のいるところを自慢していうことが少ないようです。内心ではひそかに良いな、と考えていても、特に知らない人たちに対して説明する場合は、こんなものですよ、とか、いろいろと足りないところがあるようですと、少し引いて言う傾向が強いのです。

また、自分が自ら住んでいるところについても何でも知っているというように、説明したり、振舞ったりすることは少ないようです。さらに、日常的になされている行動も、先輩を見習って行い、みんながしているようにするのが自然で、それが当たり前とされているのです。

自分の心境が前に出ないように、押しとどめている何かが富山弁にはあるようです。そのことを以下に考えてみましょう。

①「みゃーらくもん」考

会話の中で「みゃーらくな」と言われることがあります。そのように言われると、それまでやる気でいたのに、つまり、その時まで前向きと思っていた、その気持ちが、周囲から見ると反対に映っているのかと、気づかされることになるわけです。そして、その気持ちが、あっ！　と言う間に冷めてしまうのです。それほどに威力のある物言いです。

そのように言う自分は外れもんなんだ！　と思わされるのです。

そのように言われると、しょぼんとするのです。しかしそれで、しょぼんとしてしまうか、それにもかかわらず、めげないでやり通すかの違いが出てくるのです。

ですから、「みゃーらくな！」といわれるこの表現ですが、目の前の人に面と向かって、外されていると思わされた意識を持たされてしまうのです。がしかし、それでも、どのように向き合うかと自分が問われる富山弁の一つです。

つまり、「みゃーらくな!」と言われて、その後に、次の二つの決断を迫られることになるのです。

「惰性的な富山弁」

「生き生きとする富山弁」

右の二種類の富山弁があり得るのですが、人々は、この、どちらの富山弁をしゃべるのかです。

方言をしゃべるという場合、大概それは、方言ですから「惰性的な習慣を維持するもの」のことを指しています。その仲間内で、それまであったように、仲良く付き合い、その後も以前あったように生活させていく力を持っているものが方言です。それまでなされてきたような調子で、ごく狭い範囲で習慣的に方言を使い、それぞれの心情を付度しながら、それまであったように生活していくことです。何かあれば、その内で助け合うことにもなります。


子どもの時はどうかと言えば、少なくとも当然に、習慣的に習得する方言・富山弁に疑いを持つことなく、それでもって子どもの性格がつくられています、それが常です。小中高校生くらいまでは、習慣的な方言にそれぞれの生徒の気持ちや思いや真面目さ、他への信頼感を込めて、もしくは、気が合わないとなると、これでもかという感じで他をいじめる形で、それが使われています。

富山弁などの方言が主に使われ、馴染む場は、家庭であり、その属する町内や日々通う学校などです。学校では、各教科では共通語が使用されますが、しかし、休み時間やその他の気楽な時間では方言の使用へと変化して使われているのです。昔から普通に使われている富山弁は、「かたい子」「こうりゃくする」「気の毒な」などで、そこで「家などでの振る舞い方」「師への向かい方」や「先輩後輩の関係」が定着するわけです。

その上に、親たちについては、その子どもたちへの心配からですが、多くはほとんど無意識に、そして習慣的に使って、子どもたちの富山弁の使い方にもいろいろな用心した使い方をするよう配慮しているものがあります。「かくし」「かくしに入れとかれ」「しんがい銭」「おとましい」（もったいない）などが以前から普通に使用されていた富山弁です。

しかし、地域によってですが、とりわけ、旧富山藩領に住んでいた人たちやその後にわたっても、歴史的にそこに居住してきた人たちについては、彼らが方言を話すとは、何があっても、良い悪いを超えて、それまで通例なされてきたように付き合っていこうとして（自分本位に方言を使ってもこれまで生活してこられたからですが）、方言をしゃべって当たり前と思っている人たちがいるということです。さらにまた日常的に言っても、言語上で、つまり、形式的に、無意識にですが、何となく心配し合う、つまり、目に余ることがどれだけあっても、外にはふせておくという使い方が普通になる傾向が大きいのです。このことが示す付き合いにくさと言ったら、まことに限りのないものです。

そのように、方言は周りを意識し、使われています。でもしかし、終始方言を使って付き合っても、実際は今まで以上に深く互いの思いへと入り込んで、付き合うことはないようです。それ以上一歩進んで付き合う気持ちはほとんどないのです。

形式的に心情的に思い合う方言を使い、それまでの形骸化していても、そんな付き合いを続けていければいいと思っているのです。これは、方言の上でなされ、その種のやり取りをし、それで安心し合って良しとされている、そういう、ある種の形式的な付き合いでもあるのです。

これで満足するとは、さらに言うと「互いに無関心の方が気楽でいいよね」ということでもあるのです。または、互いに密に付き合うなどということをしない方が、その周辺の人たちに怪しまれることがなくていいのよね、ということにもなるのです。言い換えると、関係が薄く、離れている方が安全とされてもいるわけです。

こんな街々では、このように寂しく虚しい空気がそこら中に流れているのです。そのように思います。そして寂しくなるのです。

これはまた、言外に、または、暗に、世間で、つまり国家や政治の次元、街の出来事や日ごろ行われている各種の行事などの次元で、どんな重要な事柄があっても、そんなことは関係ないよね、ということが述べられてもいることを含むのです。

このプロセスの中で、「みゃーらくな！」と言われたりすると、思っていることが何もできなくなるわけです。これまでの習慣を、その枠を出て、何かしたりすると、そんな道楽なんぞすると大変なことになるぞ、ということでもあるからです。それぞれのグループの人たちはまた、仕事上の都合や既成事実に身動きできないままに縛られ、乱脈な形でつながりあっていますが、それに拘束されずに気楽に、自由に何かをしたいと思っても、それぞれが、固定した付き合いから抜け出すことなどはなかなかに難しいのです。

それだからこそ、「生き生きとする富山弁」を使いたい人たちが、そして、それを使わねばならないと思う人たちがいるのです。

ここで、簑島良二が伝える「みゃあらくもん」を参考にして、もう少し考えてみましょう。

・身もらく　口もらく　袖のした揺れたらく（俚言）

きつい仕事もしないし、食べたいものは自由に食べる。そのかわりお金も財産もない。〈高岡の方言・第一集〉に収録されたミアラクモンを説明するための引用解説文である。働かなくても食うに事欠かず、上等の着物を着て袂をぶらぶらさせて歩く……いわゆる極楽トンボのような人物を意味する。ラク（楽）で語呂を合わせたものだが、最後の「……たらく」は「……て歩く」の縮転。

「みゃぁらくもん」は、特異な富山方言として近年とみに有名になったことばである。農林業・漁業を生活の基盤としてきた県民の気質は、勤勉・実直・倹約であり、働くことに対する気のゆるみや、遊び心を常に戒める気風が強く、仕事に精を出さない人・放蕩気分の者・浪費家に対して、

みあらくする　気ままな行動をする〈もしおぐさ〉
みあらくな　物好きな〈方言雑話〉
みがらくな　物好きな〈砺波方言語彙〉

などということばが使われてきた。

本の題名や商標などにも登場し、「みゃあらくもん」は富山標準語として認知されつつあるようだが、語源としては「身が楽……」が原型と考えられる。俺が俺ぁのような転訛の形であろう。意味からのこじつけとして「妙楽」「無利益者」などをいう説もあるが当たるまい。

（簑島良二『おらっちゃらっちゃの富山弁』pp.62-63）

ここにあるように、縷々《るる》いろいろと口悪く言われた、その最後のことば尻で、「みゃーらくな！」といわれたり、いい加減なことばかりしているなどと言われ、揶揄されるのです。また、古いことにこだわってじくじくしているのに、さらに自分の思いを超えて、実際に

「みゃーらくもん」だと、人に言われたりします。しかし、このような風に言われていると思うと、辛いわけです。そして簑島は次のように続けています。

各地の方言集には次のような表記と位置付けがある。

みあらく　落ち着きのないさま・物好きなさま
　（富山市〈日本方言辞典・小学館〉）
みあらくもん　気楽者・物好き者（黒部市）。物好きもん・変わりもん（富山市）
　のんき者・道楽者・道具も財産もない人（高岡市）
みがらくもん　身が楽でひまな人・物好き者（新湊市）。身が楽者・物好きな者
　（福光町）
みゃーらくもん　見楽者・物好き者（宇奈月町）。怠け者・物好き・放蕩者（魚津市）。
みょうらくもん　見楽者・物好き者（朝日町）。物好き者（入善町）
みがらく　冗談（新潟・佐渡〈全国方言辞典・東京堂出版〉）

道楽者の代名詞として、白い眼で見られてきたみゃあらくもんだが、個性尊重・ゆとりある暮らし・自由な生き方が求められる時代の風潮から、若々しい情熱とこだわりを持って、人間性豊かに生きる人がみゃあらくもんだと見直され、市民権を持ちつつあるということだ。

独特の風あいをもつ富山方言のなかでも代表格のことばである。

（簑島、前掲書 pp.63-64）

ここでは、道楽者の代名詞として、白い眼で見られてきた「みゃあらくもん」です。若々しい情熱とこだわりを持って、人間性豊かに生きる人が「みゃあらくもん」だと見直されているとされていますが、しかし、それには、個性尊重・ゆとりある暮らし・自由な生き方が求められる時代の風潮も必要とされるわけです。

しかし、このような風潮が空回りしていることが多々あるようです。それほどに実際に個性尊重の風潮をつくるなんてことは難しいのです。これは、方言の惰性的な使用を変えることは大変なことで、一旦できてしまうと、そのことは、いかにもひどいことだし、ひどくなって抑えるのが難しいからでもあるのです。つまり、本当の意味での個性尊重の風潮が生まれなければ、どんな非難が来るか分からないものだと、いろいろと言われることを覚悟して、人々は思っていることをやり始めるしかないのです。

ここからは、富山真酒《まさけ》の会『みゃあらくもん　現代異人譚』に即して、「みゃあらくもん」について考えてみたい。北村信孝に言わせると次のようになります。

富山近辺では「みゃあらくもん」であるが、私のふるさと五箇山では「みがらくもん」といって、軽蔑するような意味で使ってきた。小さい頃「そんなみがらくなことして……」とよくいわれたものであった。

盆、正月、祭りのハレの日以外は、がむしゃらに働く耐乏と忍苦の日々の中に、遊び心が入り込む余裕はなかったわけである。（富山真酒の会、『みゃあらくもん　現代異人譚』pp.197-198）

まことに、この「みゃあらくもん」という語の響きで、ガクッと来るものです。いわれてもそれでも、ハレの日は待ち遠しいのです。続いて梅村智恵子の意見を見てみます。

みゃあらくもんは「突然変異で生まれた人類の亜種、異人科」に属する。みゃあらくもんという自覚症状がないのを特徴とする。傑物、偉才の持ち主が多い。

物差しが世間とは異なるため、赤信号を一人で渡ることがある。従って、能力、胆力、そして感性の欠落した異人は、つぶされて人類に先祖返りすることが多い。

みゃあらくもんは「タフでなければ生きられないが、鈍感でも生き残れない」のである。

彼らは金太郎の人生には興味がない。自分流の生き方、本物志向を大切にする。そして、暮らしのエンターテーナーでもある。

そのこだわりのあまり、時として、変人奇人の称号を授かることがある。

しかし、彼らは「世間が変わっとる、いい加減だ」と吠えたり、つぶやいたり、とにかく

「こだわりのおもしろ集団」である。

これらの症状を総合して「みゃあらくもん症候群」と言う。

（富山真酒の会、前掲書 pp.195-196）

つまり、方言は、惰性的に発せられる方言は、人々それぞれが独特の生き方をつくることを邪魔して、その点で意味を発揮して、その地位を安泰にする性格を持っています。その力はすべてを「金太郎」にしていくものです。そのようにして維持されるのが当たり前とされる世間です。

そのため、世間自体が変わっている、などとは夢にも思うことはないのです。世間とはまことにまともなものだと思われているのです。

この〝まとも〟とは、中身をどのようにつくるかではなく、大方それとは別に、習慣的にでき上がっているものです。そのように人々に受け入れられているのです。それでも、これを崩そうと思うなんて、実際には不可能なのです。

越後に生まれ、八尾が気に入ったのだろうか、おわらの街に長く住みついての思いを笠原輝芳は次のように述べています。

そんな話からやがて話題は八尾談議になる。

「今は村おこしのメンバーにもなっているが、八尾の町の人はケチで姑息で、せこいの丸出し」と話し出す。「八尾に惚れて十三年」と続くものと思っていた私は意表をつかれて、「エッ！」と聞き返す。「でもねぇ、もっとずるい人はこんな本音はみせないよ。八尾の人はケチまるっだし、いやな顔はするし、文句は言うし、みんなぼろくそ。いとおしくなるくらい、正直な町やちゃ。新しい村おこしの発案があっても『そうだねぇ、おもしろいねぇ』というけれど、今までのいきがかりを大切にする町だから、誰も何もしない。お尻に火がついていないから真剣にはなれないし、人の目も気にするから、自分の意志や発想は二の次になる。土地の人が目立つことやほめられることをしてもあまり喜ばない。あらをさがして、いい芽をつんでしまう、そんな町……」

日本人はしばしば惚れた女房を愚妻といい、美味なお土産を「まずいけれど」と差し出す。八尾をきれいごとで語らぬところに、この人の八尾に対する思い入れの深さがしのばれる。

（中略）

「よそでそのことを話したり、絵にかいたり、いわば八尾のサンドイッチマンみたいなことをやっているおかげで、年寄りたちから『八尾もこの頃、かっこよくなってきたね』と話しかけられる。ところが、観光客が来ても観光化しないし、『人を呼ぶ町にしよう』と言いながら、何もしない。生きている化石、シーラカンスみたいな不思議な町だっちゃ」

（富山真酒の会、前掲書 pp.115-117）

ここで述べられていることは、八尾では、本音の付き合いがなされ、人に繕うことがない関係を保持して生きていることを指しています。表だけの形式をつくることを好まないわけです。でも、これがなぜにできているのかです。それは、何も持っていない人たちでも、そこにいればいるだけで、おわらが味わえるからだと思われます。この地にいれば悔いることがないのです。今のままでいいじゃないか、何をこれ以上を求めることがあろうかと内で思っていると推測できます。

自分がいる地域の良いところにプライドを持てる人たち、そのようにその土地に馴染んだところからおわらを味わえる、そのような人々はそのような思いに満ち足りているわけです。それ以上何が必要なのか、後は何もなくていいじゃないかということです。自動化して働く方言をしゃべっていても、それでいいじゃないかという充足感があるのです。そういうところから発する発言があるのです。

これとともに、判断停止を迫られ、そんな判断停止か、それとも別なものか、なにか分からないし、それがなぜ自分たちに来たか、とも分からない空気も漂っているのです。そんな風に、富山の多くの人たちは、自分にも、他の人たちにも、一歩引きさがって向かわざるを得ないところに置かれつづけてきているのです。ぐちぐち、ぼつぼつと出てくる「気弱さ」からの、ピンと響かない発言があるのです。

さらに、笠原輝芳は以下のように付け加えて「変わり者」について説明しています。

変わり者とは何だろう
富山に限らないけれど、教育もパタン化して、平均値からはずれると変わり者とか問題児といわれる。平均値は一つだけど、それを出すための素材は千差万別。平均値は何の基準にもならないのに、たとえばぼくのように土地も家も金も世帯も学歴も会派も持たない人間は、富山では変わり者扱いにされるが、ぼくからみれば、わかっていても人の目を気にして何もしない人の方がよっぽど変わっていると思うよ。人と違った発想で何かをやると変人奇人と言われる。なまじっかの人間はつぶされるから、そのままとび続けるか、逃げ出すかになる。人に言われたから、やめておこうというのはまだかわいいほう、はじめからこうすれば変に思われるだろうと先回りして何もしない。富山は、人の目文明が発達しているように思う。
（富山真酒の会、前掲書 pp.120-121）

ここでのポイントは、「ぼくからみれば、わかっていても人の目を気にして何もしない人の方がよっぽど変わっていると思うよ。人と違った発想で何かをやると変人奇人と言われる。なまじっかの人間はつぶされるから、そのままとび続けるか、逃げ出すかになる。人に言われたから、やめておこうというのはまだかわいいほう、はじめからこうすれば変に思われるだろうと先回りして何もしない。富山は、人の目文明が発達しているように思う」にあるようです。

問題は、何を変わっていると見るかです。多くの場合、中身が問われることなく、それまで続いてきたものを是として、ここに多くが属していることです。「人の目文明」が発達しているとされています。

そうです、人の目を気にして、何もしない人たちでいっぱいです。いろんなことに異論はあるのですが、何もできないでいる人がとても多いのです。そのように、既成に忠実であるかどうかに敏感になるのは、その地で話されている方言の故なのです。いろんな不満や疑問があっても、それ以上、何も問うことなく進ませるのも、いつも自動化して働いて力を持つ方言なのです。

そして、島田栄一による解説によれば、守山進の見解は次のように説明されています。

富山の県民性の一つに「堅実さ」と自己主張の弱さがあげられる。守山さんは母親は滋賀県の人で純粋県人とは云えないが、一般的な県民性に照らすときその個性には破格なものがある。（中略）

「文化」について守山さんは「それを想う人たちの勲章や名誉のためにあるのではなく、人間が人間らしく生きるために必要なもの」と定義づけ、少なくとも文化人を自負する人たちは、人間性の追求に向け自己の存在をかけて闘うべきだとする。そして「すべては苦悶と苦闘の中でこそ実を結ぶ」とも。

（富山真酒の会、前掲書 p.77）

「文化」について守山は「それを想う人たちの勲章や名誉のためにあるのではなく、人間が人間らしく生きるために必要なもの」と説明しています。しかし、文化的な営為についてでは多くの場合、惰性的に働く方言の流れに従い、守山のこの考え方から外れて、何らかの勲章を得んがためのものになっているようです。

さらに言えば、文化は勲章や名誉のためとされる傾向が強いようですが、「道楽を持ってはならないという心性」は、実際はそれ以前の、人間が生きているレベルで、富山という地域に取り立てて古くから顕著に見られるもののようです。ここでも言われていますが、それは「堅実さ」と自己主張の弱さとされています。この守山の指摘は、次の大田栄太郎の言い方にも見られるのです。

それなのに、またしても今方言書を蒐めかかつてゐるのは、一つには健康がやや取り戻したこともあるが、やはり方言は道楽だからであらう。その道楽にしても、自分ながら一つの理屈をつけてゐる。

それは本来不器用なのと、小心でしかも何の能もなく、所謂、「道楽」を持てない私としては、……それと、さうした所謂「道楽」を持ってはならないといふ気と……、もう一つは何かしなければ、といふあせりからかも知れない。そんなことが重なり重なり合つて方言へと追い遣つてゐるといふ方が、寧ろ真実なのかも知れない。

勿論、私としても気の緩みが起こらない訳でもないが、その時何時も母が「オッジャ（親でも年頃になると、弟をさう呼ぶ）や、カタイモン（大人しく正直で、努力して、間違ひのない者）にならっしゃいの」といふのが口癖であった。その心からの訴えが私の頭にちらついてきて、……済まんといふ気もちから、何時もそれが心の拠り所になつた様に思はれる。

（大田栄太郎『方言調査・研究・資料目録』pp.3-4）

この大田の説明には、まさに「大田は富山の人」だと思わせるものが刻印されている感じがあります。何でこのように控えめでなくてはならないのか分からないものがあるわけです。そしてそこでの、焦りが見えるのです。何らかの理由から、判断停止という心境を強いられ、そんなことから生まれている諦めの故であろうか、そこでせっせと励む姿があるのです。

富山の人には、なぜか一歩押しとどめられたところにいるしかないという、冷めた感情が働いているのです。

②その他の考察

「しんがい銭」考

ここで、「しんがいぜん」について簑島良二の見解を見てみましょう。この表現もよく使われたものです。

あこなちの　ばあちゃん　でかいと　しんがいぜん　おいてかっしゃった
あんた　こんなときこさ　しんがいしとったがを　だいて　カズトヨの妻だちゃ

藩政時代、農民がひそかに荒地を開墾した田圃は、登録されないので年貢米をおさめることがなかった。つまり隠し田である。これを新たに開墾した田圃「新開田《しんがいだ》」と呼び、隠語のように使われた。そして「隠しごとをする」意味の「しんがいする」ということばが生まれ、「しんがいご（隠し子）」「しんがいおとこ（情夫・愛人）」「しんがいぜに（内緒の金・へそくり）」ということばとなり、今日に伝承されてきた。（簑島、前掲書 pp.134-135）

「しんがい田」や「しんがいぜん」が使われたのは、公に認められた収入では生活ができなかったことにあるのです。生活ができなければ、周囲の荒地を開墾し耕作して、実入りのある田圃にすることができたのです。そのような経緯から、「しんがい」は当たり前でもあったようです。このようなやり方に、富山の人たちの感覚が生まれてもいるともいえます。

「はしかい」考

やぁ健ちゃん久しいのう　今どうしとる　オラのこたぁ　相変わらず　高いとこへ上がって　鳶の仕事やちゃ

お前のこたぁ　ちんこい時から　はしかい奴だったさかいのう　（中略）

はしかい　①すばしこい。敏捷。②頭が良い。機転がきく。③痛痒い。尖ったもので突くような痛み。④稲・麦などの芒（のぎ）。⑤幼児期にかかる発疹性伝染病。麻疹。東京弁で「はしっこい」ということばは、動作が敏捷・機敏だということと、機転がきくという意味で使われており、これに類する方言は各地に多い。共通語としては「はしこい」「すばしこい」であろうか。また「はしこい」を悪賢いの意味だけに使う地方もある。（中略）

このような「はしか」「はしかい」という古いことばが、原型のまま伝承されているのは北陸地方に多く、富山が最も顕著である。

（簑島、前掲書 pp.52-53）

筆者などは、小学生の時だったのですが、何かのお手間で五円玉や一〇円玉をもらい、その時に「かくしに入れとかれ」と言われたことをよく覚えています。小銭ですが、それでも、子どもにとっては大事で、思いがけない収入でもあり、もらってにっこりとなるのです。

「はしかい」が「頭の良い」のことと理解されて、学業に励む人へと成長していけばいいのですが、これが「しんがいぜん」に絡むとよくないのです。ですから、「はしかい」は、思いがけない利益があったりすると「黙る」に通じていくこともあるのです。「隠す」ことへと行くわけです。

「気の弱さ」の考察

①プライドを持てないこと

その地域が長い時間の中で独特の性格をもつようになった出来事や伝統とみなされていることに対しては、プライドを持っていいはずです。富山藩と売薬業についても。でも残念ながら、たぶんほとんどの富山の人たちはプライドを抱いていないように見えます。本来なら、少なくとも富山藩と売薬業、この二つを違ったものとして、各々に対して大きなプライドを持っていいのです。しかし、傾向として人々は、この二つにはほとんどプライドを抱いていない、むしろ忘れたいものと思っているようです。それは、昭和の後期に「ガラスの街とやま」へとスタートしたことにも典型的にあらわれているのです。今も「薬都富山」といわれていますが、「売薬の街とやま」の旗は見えません。

このことは一種の逃げであって、この二つにマイナスに相当するものを感じているからだと思われます。この二つにマイナスがあっても、それでもこれを大切にすべきなのです。この二つが、この三百年をこえて、狭いにしてもこの地域を支えてきた主要な二本の背骨であったからです。この二本の背骨を離れて、今日の富山とその人々はないのです。

それらがマイナスの点を持っていれば、そのマイナスとは何かを自身にしっかりと把握すべきです。その上で、不足と思われるものを自身で付加してみることです。その過程を経てこそ、この二本の背骨がしっかりとそれぞれの人たちを人間として支える力となるのです。

言い換えると、マイナスがあるからこそ、それを克服する形でそれらに出会って、具体的なものとして、そのマイナスの点とともに、なぜにそれが不足したかを認識すること、そのことを通して自分という人間の空白もまた具体的に見直され、その不足が分かるのです。

そのような形のプライドの持ち方が求められるのです。そのようにして、プライドを持ち続けることです。それが、現代人の疲労した内面を陶冶する明確な営為になるはずです。しかし、現代の人たちは、この二つから離反するばかりであり、出会い直すものとしてこの二本の背骨を捉えていないのです。

この二つは、一つは権力構造としてあり、そしてもう一つはその権力構造とそこに住む領民が安泰であるように求め、支えたものとして、立派なこの地における歴史的事件なのです。

このことをもう少し踏み込んで言えば、次のようになると思われます。

すなわち、前者は、現代に見られる「司法・行政・立法のあり方」へと発展するものであり、後者は、現代において、「先用後利の売薬の可能性」と「人間のあり方（家庭や上司と部下や男女など）はどのようにあるべきか」を予想させるものです。

しかし、これらを通して多くの人々は、自地域の姿、勢いを確たるものとして感じられないようです。歴史的にこの地域の柱であったものに、人々はプライドが持てないでいるのです。そのことが、この地域の人たちの勢いを掻き立てられない大きな原因と推測できます。

それぞれの地域は、それらに残された遺産についてのプライドを持って生活できることで、全国を視野に入れて、各々の地域が、全国に対して物申すことができるのです。それを持てることがその地域の自信にもつながるのです。

実際に、多くの地域においては、極めて保守的な主張にしても、それらの藩と遺跡にプライドを持つことで、そこから地域の発信をすることが可能になっているのです。全国に向けてそれぞれの意見を申し立てる力強さがいくつもの地域にはあるわけです。

例として、会津、薩摩、長州、土佐、肥前などの地域が有名です。これらは、それぞれに違った立場に立って、その意見を全国に発信し、互いに対立しあって、そのこと故に元気なのです。


これに対して、越中の旧加賀藩領は別ですが、特に旧富山藩領に属する地域そして人々では、その歴史性に押し出されることなく、積極的な活動が見られないため、萎えています。萎えているのはなぜかと、その理由自体を各々においてはっきり意識し、つかむことが難し

加賀藩の分藩と富山藩領図

文化10年（1813）

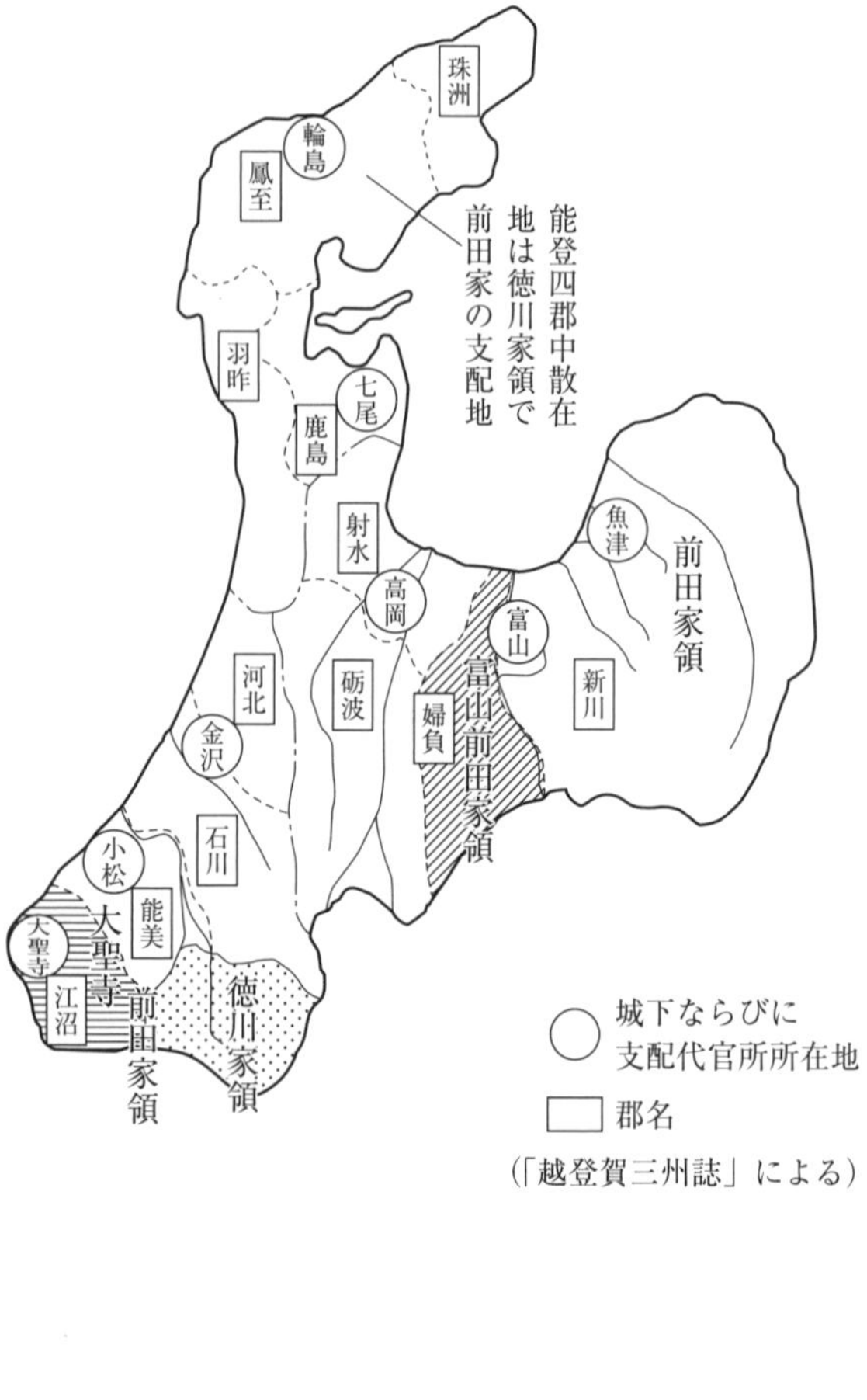

（「越登賀三州誌」による）

いからです。このことから、人々は、えも言われぬ形で内に潜む無力感で一杯になって、これに躓き、とまどってきているという感じに置かれているのです。

つまり、多くの場合自分たちの内の萎縮がどこに原因があるかはっきりつかめない、それがボケてさえいるため、まっすぐにこれを見て、これを克服し、自己本来のあり方は何かとつかむ方向へと進むことができないで来ているのです。

プライドを欠いた理由はまた以下の事実にもあるだろうと推測できます。それはすなわち、当時において越中が三分割支配されたことにあると思われます。

その時に、越中のどこに配置されたかについては、地図（p.194）を参考にしつつ、大田栄太郎の以下の説明で把握してください。

十万石と百万石との境は、西方はだいたいに神通川と山（婦負郡と東礪波郡）とで境していたようであるが、東方は鼬川（ある時期は清水川用水と合流）や太田用水でだいたい境し、その鼬川にしても、太田用水にしても、いわば用水で、常願寺川からの分かれ水であり、渡ろうと思えば渡れた。川をはさんでの結婚も自由であり、盆踊りのときなどにも夜、川越えしていたようである。

（大田栄太郎『日本の民俗16　富山』p.21）

よく「呉西・呉東」と言われます。でも現在を含め、富山県は単純に二分割されてできているわけではないのです。ということは、目に見えない複雑な関係があるということです。
富山藩設置は、越中においては、西に砺波平野が広がる加賀藩領があり、東も黒部平野が広がる加賀藩領とされ、その間なのです。つまり両加賀藩領に挟まれ、その存続が可能にされたのです。つまり、東西の両加賀藩に見はられて旧富山藩は身を縮める形で置かれたという事実があるのです。

そのことを象徴して、自己を明晰にする類のものは富山市内には一切ないのです。そんな富山市内ですが、それでも散在するいろんな公園やいくつもの通りなどが呈する風景があります。それらにはしかし、富山の何人かの人たちは、無機質なため、親しみを持つことができないといいます。富山城址公園などのつくられ方を見ても、そこには画一性しかなく、人を寄せ付けない冷たさしかないようです。

さらに、敗戦時における、富山大空襲で、富山市内のほぼ全域が廃墟になって、それ以前の歴史性が奪われ、市内が空白になり、自信にみなぎる構造物などが見られないという事実があるのです。

②武家支配から官依存性へ

日本人の生活の仕方ですが、これを歴史的に見てみると、それは、領民に対して上位のものとして、長年にわたって機能した「単位としての田畑」があるのです。その田畑を耕作する領民は、田畑そのものでもあり、その一部でもあったのです。このことは、「一所懸命」という表現にも示されています。

そして、そこでの作業にともなって生まれた「民俗性」が支配的なもので、それによって領民が養われてきているのです。このような土壌に、各地に、しかも極めて狭い地域に、多種多彩のいろいろな方言が生まれたわけです。ですから、生まれたのは地の言語・方言です。

すなわち、英語のように剛構造性が先にあって、そのシステムに組み込まれた反発力が人を刻印する言語ではなく、あくまでも土地の性格や地勢が主役の言語です。土地に溶け込んで働く方言・地域色の言語なのです。このため、大きな川にへだてられれば、距離的には近くにあっても川向こうの隣部落の方言は理解されないのです。他の何よりも、地の色を体感することがその方言を理解することなのです。


ここで、方言と詩歌などとの違いを考えてみましょう。おそらく、以下に主要な違いがあるようです。

方言の目的→「田畑耕作、作業の安全と豊作祈願、商売繁盛」

田畑をみんなで耕す、その作業に励むためのものです。豊かな実りを願い、豊作であれば、それに感謝するものです。また、その地の産物を周囲の村々へ売り、各地の産物を手に入れる、という働きなどをするのが方言です。

詩歌の意図→「詩歌の承継と種々の状況に合わせて配置される文節の妙に示される技巧の向上」

和歌では、師とその作品を範としてつくられ、内面での思いや季節の様子などを扱いますが、作品は、一人一人でつくられ、本歌取りの技法に見えるように技巧的に整ったものをつくろうとして励むことが求められます。

方言では、ともに働き、具体的に人々がまとめられ、そのことでみんなに共通の感情が刺激されることに集中します。ですから、人間の内面が持っているものを探って、それを受けてその思いを描くまでに至ることが、とても少ないか、どうでもいいとされます。

この点で、和歌と方言とはそう簡単にはつながらないのです。方言の文ではまた、英語の、I（一人称主語）、V（単数形複数形を明確にした動詞）、O（目的語）というような定式がありますが、これに拘束されて文をつくる在り方とは無縁で、あるとかえって邪魔とされます。

右に述べたように、方言では、内面を推測してそれぞれの人の思いをつぶさに探ることは従とされがちですが、実際には貧しさに押しつぶされていても内面はみんなに共通なものとして敏感に動いているのです。ということは、一方向的に大藩が起点となって人々の内に引き起こされた内面の乱れについては、それを、古《いにしえ》からの方言でもって立て直すことではなく、みんなでともに押しつぶされるがままに耐えることしか他にできなかったということです。武家権力の前にはただ引き下がって黙するしかなかったのです。否応のない判断停止です。「領国」と称されていますが、どこまでもどの地をも力ずくで抑え込み、長期に支配して成立しているのが「武家」です。確かにそれぞれには戦いの「大義名分」があったのですが、それが確かにあったとしても、領地とはどこまでも力ずくで戦い取ったものです。「武家支配」は鎌倉期からですが、それは否応のないもので、暗黙に認めざるを得ないものであったのです。武家によっては領民に篤い配慮をしたのですが、それでも領民から見て、この「武家支配」において、どのような段差があって、問題がどのように起きても、それに口など出せるわけはまったくなかったのです。

地域によってはしかし、それぞれの地域の地勢や歴史性に励まされ守られ、そのことで人々は積極的な性格という面を持って生きていると思われます。それでも、その地域の習慣や伝統を受けてという意味合いが強いため、彼らは極めて受動的であって、かつ保守的な側面を持たざるを得ないのです。それで、自らの郷土が持つ地勢に励まされ、必要とされることを受けついでいく、というように、極めて控えめなスタンスに終始する傾向が強いのです。

つまり、普通にはそれが、一定の利害を実現しようとしてなされたり、地域のボスの指示によるものであったりすると、その行為が環境の求めに応じていれば、安定したものにもなるのです。何事にも、地域発想的、または地域ボス主導的に進められる場合は、その動きは安定するのです。

逆に言えばそれは、個に即した自立性という在り方へと成長することがとても少ないことを示しています。それで、このような地域で、西欧文学をやって、その影響をその地にもたらそうとすることは大変大きなハンディキャップがあることにもなるわけです。ということはすなわち、それぞれの地域における歩調は極めて保守的な色合いをもって安定していることを示しています。人々は環境に守られるという受動性において積極的な活動へと歩を進めているのです。

そして、この現象は日本の方々《ほうぼう》に見られるのです。しかしこれと大きく反して、越中の一部では、その地力の劣化が、何かのせいでもたらされているのではないかと危惧する面をどこかで感ずる人たちが多いためか、人々の内面における不安定な面がしばしば見られ、人間としての意欲の低下の程度が大きいようです。暗く、積極性が低い傾向があるのです。これは、無気力な保守性から抜けることができない性癖にあるということでもあるのです。

明らかに従属の度合いが大きく、その故と言えるのですが、明治期以降、富山県としても、人々としても、中央の官組織への依存が顕著な形で見られるのです。このことは高井進の次の指摘にも見えます。

旧幕時代、富山藩は二重表を持っていた。江戸表にものを言う前に、金沢表を通さねばならなかった。幕末における幕府と直結しての藩政改革がことごとく失敗した背後には、金沢という宗藩の存在があった。明治の富山県が異常なほどに中央政府と密着したのは、こうした歴史的体質と無関係とはいえない。

（高井『越中から富山へ』p.78 再掲）

ここにあるように、江戸時代を通してこの二重表が存在し、恒常化していたとともに、富山藩自体がきわめて貧乏であったのです。この二つがあったことが、富山県を中央官庁寄りに仕向けたわけです。

言い換えると、この二つの出来事があったことが、この地域の人たちをきわめて勤勉な人たちへと駆り立ててきている側面があるのです。それぞれの能力を高め、確実な生活を維持することが大切とされています。そのように能力が高ければ、国家組織の骨格を牛耳る中央官庁へも近くなって、その安定感も増すわけです。

③安定性

明治期以降からの中央官庁信仰が強く、これは、一方で大きな安定を富山県にもたらしてきているのですが、そのことは他方では逆に大きな劣化へとつながっているわけです。つまり実際に、中央官庁信仰が大きく、それへの依存度が強いことから、それがもたらす安定感にぶら下がって満足し、人々における発想の貧困さを生むことになっているのです。

確かに、中央官庁に頼って良しとすることは他県からの恣意的な介入に左右されないわけで、それは一定の確実さを確保することです。がしかしこのことは同時に、脆さを抱え込むことでもあるのです。言い換えれば、このことによって結果として、市組織段階においても、上からの秩序をそのままに受け入れてしまうからです。

さらには、上からの指示に基づいて動くため、県・市においても、上から降りてきた一方的な施策の推進を容易にさせるべく、市民生活の枠の設定をも、指示された方針に即して作り上げているのです。

すなわち、中央組織に寄り添うことで、他県に負けない県行政が可能になり、豊かなものになるとすれば、そのことは、県行政はその傘下の市町村行政に対しても、上から仕切ることを優先させ、行政が指示する安定性を確保することができるのです。

そのため必然的なことですが、各町内の運営に携わる人々のやり方を見ても、市組織による各分野での各種の援助なしにはやっていけなくなっていることを意味しています。このことはつまり、市組織によって市民へ提供される環境が決め手となっているということです。

このことはまた、上意下達式に国から降りてきた施策が基本的にそのままに実施されてきているのだと考えられるのです。

それでもここで問うべきことは、つまり、市民参加による施策の練り直しがあったのかどうかです。そのような根本的な問題があるのです。市民参加によるこの練り直しがなぜ必要かといえば、それはどこにおいても、市民が主人公だからです。市民層の意見を正しくくみ取りつつ、行政担当者は市の方針を作り上げるべきなのです。

「コンパクト・シティ化」についても同様です。この施策の成案に向けて、市民がどの程度参加して作り上げられたかです。しかし、それは不明のようです。

明治期の自治体行政においては、民選知事ではなかったわけですから、大方は上からの政治のみで終始した傾向が強いと思われます。近年の「市行政」を見ても、上からのコンパクト化施策の実施といった色合いがきわめて強いように見えます。

現代においては、地方自治体の各行政は本来、市民を主役にして、つねにそれらの意見を取り入れ、それに基づいて、なされるべきなのです。しかし、富山市での施策も、市民への問いかけは形式的で、どうも第三次幕藩体制に見る政治のようで、上が決定して、それを下へ下ろす方式でなされているようです。それとともに、近年よく見られるのですが、街中活性化という趣旨で、四季を通して定期的に催される各種の行事等があります。そのような惰性的に行われる各種のイベントは、そのようなものを、人々の多くが受け入れ、了としてきていることを見ると、それによって受動的に支えられて楽しい時を過ごし、生き得る存在へと劣化していることを示しているのです。

ということは本来は、個々の内面の自立性を持って生き得る可能性を保持している人間なのですが、それが消されていっているのです。つまり、主体的な下からの諸活動があるべきなのに、それが、市行政が定期的に提供する催し物が持つ楽しさに一方的にひきつけられ、のみ込まれて、消えるのです。

人々には勤勉さへの動機づけはあっても、人々が置かれた視線からの問いなどがあっても、その大方が実利に反すると見なされ、放り出されることから、時代性が見えないところに人々は追いやられ、そのために、彼らの発想の企画力の低減が顕著のようです。

この街の雰囲気としても、市民同士の関係が希薄であるとともに、明日への展望が見えていない虚しさがあるのです。

このことは、人々は人間として、これからどのように生きていったらいいか分からないところに置き捨てられている側面が大きいことを示しているのです。人々は人間として薄っぺらな者たちへと追い込まれているといってもいいのです。しかし、そのこと自体が見えない人たちも多いのです。そのような目に見えない圧迫感が大きいのですが、これとともに、各町内においても、人々の人間関係の疎遠さはあまりに大きいようです。

これまで歴史的にあったと思われる民俗性や文化性ですが、これらを今後どのように展開させていったらいいか分からず、お祭りはあっても、お祭りなどを自身が参加し、作り上げていこうという関心もきわめて希薄な状態のままに日々があるようです。このことについて、大田栄太郎は、次のように指摘しています。

平野部のまんなかにある富山市・高岡市が、いまも県の文化の最先端をつっぱしっているように、以前もそうであったろうが、私等が民俗的におもしろいと思われる、古いしきたりは、中央部から消えたらしく、たとえば庚申さまとか左義長の習俗が富山市近在には少ない。虫送りの行事にしても、真宗では迷信としてやらなくなったものか、呉東（富山市呉羽山を中心として婦負郡以東）には少ない。

（大田『日本の民俗16　富山』p.1）

④後遺症

富山市を中心にして住んでいる人たちにおける、人間の姿について、これまで縷々説明してきましたが、それでは次に、彼らにおける、冷めて白けた様子、無気力な様は、今日どのような形に定着しているかについて考えてみましょう。主にそれらは、以下に示す四つの後遺症として見られるようです。

・歴史的出来事へのプライドのなさ

たとえて言えば次のようになります。富山県でも、旧加賀藩領に当たる地域の人たちは今もそれぞれの伝統にプライドを持って生活している側面が大変大きく魅力的です。がしかし、旧富山藩領の地域の人たちは、その地域で行われていた行事についての関心自体がとても薄いのです。また、旧富山藩ではどのように藩支配が行われていたかとか、売薬業がどのように推移したかには、どうもプライドを抱いていないようです。それが各人における自信のなさへとつながって、萎縮している感が大きいのです。

・暗さ

そのため言ってみれば、傾向として、何があっても、脇にいて、ひっそりしていることが好きなようです。何かにつけ関わりを避け、自分一人や近い仲間のペースを守る傾向が強いのです。世間の出来事に目をやらない、何に関心があるか他に知れないように、人々はじっとしているわけです。性格的にも暗いようです。

・一方向の競争意識

これまでの流れを見ると、高校生の大学への進学者数での競争意識が大きすぎることが、富山から金沢へという一方向性において見られるのです。これとともに、富山県でのある特定の高校を出て良しとされている、学歴意識が強過ぎるのです。それも競争意識の一種であって、将来にわたってどのような人生をつくり上げたいかという希望を描くことによってではなく、劣等感の裏返しとみられる色彩が強いのです。

これは、歪んだ競争意識として出ていることを示しています。つまり、従属したという事実は抜けないトゲとなって、内面的な不均衡が生まれ、正体不明の劣等感の裏返しとして、今になっても金沢への競争意識となって出ているようです。

・富山弁

以前は若連中といい、まだ神社や寺の奉納提灯や大旗に若連中という文字がみえる。従来の若い衆というのは、勇気と骨身を惜しまず他人のために手を貸す、まったく義侠としきたりを守ろうとした団体であったが、戦後の自由思想ですっかり変わった。

（大田、前掲書 p.137）

若い衆について大田は以上のように記しています。今もこの関係が残っている地域があるのですが、当時の若者たちの関係は、まさにここに指摘されている「従来の若い衆というのは、勇気と骨身を惜しまず他人のために手を貸す、まったく義侠としきたりを守ろうとした団体であった」というものに集約することができるのです。これは方言そのものがしっかり成り立つあり様です。疑わない気持ちを抱いてその付き合いについていく姿勢にあるのです。その付き合いに閉じたあり様です。一面ではきわめて純な姿です。

方言とは、その地域に閉じた思いを抱いて、そこにその人たちのすべてを投げ出して生きることです。

このため、戦後の自由思想と相いれないものなのです。そして、この自由思想は「骨身を惜しまず手を貸す」思いをつぶしてきたわけです。そのようにつぶされたわけで、人々は空洞化した富山弁にひっかかって、そこに自分たちを見つけることができなくなっている面があるのです。

しかし、富山藩が生きてきた道をつかみ直すには、自由思想でもって、その純な思いをつぶしてはならないのです。あくまでも富山の方言を生きようとすることで、富山藩が辿った道を富山弁でつかみ直すべきなのです。そしてこれとともに、自由思想がつくる方向と共存していくことが求められるのです。どこまでも価値の多様性が尊重されるべきということです。議論する中で多価値の共存をいかにはかるかが最も大切なことなのです。

富山の人たちの性格についてもう少し

ここでは、富山県の人たちがなぜに暗いのかについて、高井が提示する二つの見解を検討してみましょう。

＊富山県人の陰鬱は歴史的条件

今日まで県民性論としてよく引き合いに引用されるものに、大正期の『富山の民性』（浅野成俊）、近くは『県民性』（祖父江孝男）などがある。これらに共通している見方は、「越中は自然が厳しいから忍耐力が要求され、県民性は勤倹力行型となり、また運命的にならざ

るを得ないので信仰心が強い」ということであろう。(中略)
それは風土論や自然状況を決定的な要素としていることである。
この風土論に対して歴史的所産を展開したのは橋本芳雄氏である(『富山史壇四四号』)。富山県人の勤勉性や陰鬱は加賀藩の支配の後遺症から脱し切れないからであり、こうした県民性は言ってみれば長年にわたった前田支配、つまり歴史的条件が生み出したものであるというのである。

(高井、前掲書 p.220)


これが、橋本芳雄の見方を説明した一つ目の論点です。

「富山県人の勤勉性や陰鬱は加賀藩の支配の後遺症から脱し切れないからであり、こうした県民性は言ってみれば長年にわたった前田支配、つまり歴史的条件が生み出したものである」

ここでは、加賀藩の支配の後遺症からの勤勉性と陰鬱が説かれている点で、力点は「加賀藩支配の後遺症」にあるわけです。

次の見解が二つ目です。

＊「近代化」の到達点

「近代化」の到達点を人間の自然や人為の支配からの解放と考えるとまったく別の人物が登

場する筈である。自然災害と果敢に戦った人々や、自由民権や参政権運動、個の尊重を叫び個人の解放のために生涯を捧げた人びとも少なくなかったことを重視すべきだといいたいのである。

（高井、前掲書 pp.221-222）

これが、高井の「近代化」に力点を置いた二つ目の論点とされ、その例として次の徳富蘇峰の見解を上げています。しかしこれはどうも「対等の競争」という意味合いが強いようです。

＊徳富蘇峰の見解

そのなかで、「未だ太平洋面に匹すべきにあらず。されば総ての問題はいかにして交通の便を開くかに帰着す」と北陸への交通網が悪いと指摘している。次に石川県を歩いての意識調査で、百万石意識は藩祖利家の性格からくるのだといっている。富山の歴史と文明については「越中は加賀の属国たりき、越中の富は、挙げて以て金沢を粉飾するの料に供せられたるの観ありき。されば今に於ても、富山は石川と相ひ下らず、相ひ下るを欲せず、恒に其の上に出んと努めつつある如し、これ富山県に取りては、無上の刺激というべし。しかして単に此の刺激の為といわざるも、富に於て、興業に於て、将に一般の活動に於て、富山は、往々石川を駕しつつありという。ただその優劣如何は、更に十年の後をまって之を判ずるも、未だ晩しとせざるべし」とし、越中の人びとは加賀の上になろうとつとめ、その努力によって経済や産業面で石川県をしのぎつつあるとしているのである。

（高井、前掲書 p.222）

高井はこのように説明しています。しかし、この説明にもかかわらず、富山地域の人々の性格は、「属国化という史的な出来事と、それに即した方言の惰性化」に気づかず、それを克服することができないことに主な理由があると考えられます。

基本的にはどの地域の方言においても、活性化されて働く便利な面がありますが、同時にまたすぐに惰性化し、人々がその停滞から回復するのを難しくさせる厄介な面があるのです。しかし、日々必要な方言でいえば、史的な出来事に関して何のかんのという前に、目の前に求められていることをみんなと話し合って、前向きに進めることとです。しかし、そのことすらが凍りついて等閑に付されています。

4　人間のあり方にかかわる外国史を含めた日本史の転換点の喪失

現代にも続く人々の内面での萎縮が見られるのですが、そのことは、以下の説明からも分かるように、いくつか示す時代の転換点を見る批判的な目が育っていないと思われます。

①越中歌壇への越中在地人の不参加

老人も婦人も児童も、その願いが満ち足りるような愛と福祉の政治、それこそ家持が政治の理想、行政の目標としたところであった。そのような天皇の思召しを体して政治に携わることを、家持は喜びとし、生きがいとしたのであった。

現実には、大仏建立や京都造営のため、民が苦しみ、行路にへい死する者や、たまりかねて逃散する者があったことは、幾多の資料が示すところであるが、政治の理想がこのような万民の福祉にあったこと、これもまた事実であった。

（新越中風土記刊行会編『新越中風土記』p.45）

この指摘は、愛と福祉の政治は歌心にこだわる姿勢では難しいということではないでしょうか。大仏建立のためとして、そこで民が苦しむ現実が出ることが是認され、そして、富山全体の繁栄のためだから、女性たちもこれまでのようにここで支えて、というように、歴史的には犯してはならない矛盾でこの世は満ちているのです。求められるものは、歌づくりを競う歌心ではなく、民を苦しませず、行路にへい死する者たちを出さない努力をする本当の歌心です。このことを確認すべく、ここに右の箇所を再掲しています。また、政治の理想が万民の福祉にあったとありますが、このことは、歌心を例えば、異民族に属する人たちに分かってもらうことが可能かどうかをも示してもいます。歌心でいかにそのように願っても、現実を動かし、一定の方向へと進めるには、歌心とは別の道（多種多様な民族が分かりあえる対等と共生）が求められることを暗示しているようです。現実を動かすという場合、日本の現実、アジアの現実、ヨーロッパの現実をも視野に入れて動く必要があるのです。

②加賀藩が強いた判断停止

富山藩を属国と把握するかどうかです。それによって、富山藩の存在の認識の仕方が違ってきます。

十万石だからとして、加賀藩と同列に並ぶ藩と認識するのか、それとも、属国と認識するかです。後者であれば、加賀藩がなした行為は、富山藩とその領民と、そしてその末裔に「判断停止」か、それに類する内面的な停滞を強いた元凶になるかと思われます。とすれば、そこからいかに抜け出すかがテーマになるはずです。

③消えゆく売薬業をどのように位置づけるか

売薬業がなぜに弱くなっていかねばならなかったのかです。そこにマイナスがあったからか、他に何らかの理由があったからか、ということです。もしそこにマイナスがあったからとするなら、それに見直しを加え、どのようにしたらそれを継続させ、かつ人々が誇りを持つことができるように、工夫することができなかったのかです。

仮にマイナス点が大きくあるにしても、そのマイナス性を認識しつつ、この業のプラスの側面は何かと探り、それを自分たちのプライドを持てるものへと転換できたのではないかということです。

そのようにすることができるのは、人間の内面が持つ力強さであり、そのような懐の深さですが、そのことに気づくべきであったわけです。この売薬業を手放したから、自分自身にも無関心になったのではないでしょうか。

④分県パワーの再結集

分県する不利を主張していた人たちもいましたが、二〇県を超える分県願いが政府に出されていた中で、富山県がもっともまとまって分県の運動を展開していたといわれています。分県というこの一つの運動に終わらず、富山県が当時重いものとして持っていた、農民の貧しさなどの他の問題について、もう少し継続して解決しようとする運動が求められていたと思われます。

⑤北前船のパワーはどこへ行ったか

東岩瀬は旧加賀藩領であったが、富山県に公立高等学校をつくって、地域の子弟に教育の機会をと願ったのは、夫の海運業を継いだ馬場はるであった。馬場の目論見はしかし、そこにとどまるのではなく、それを超えて、周囲の人たちに、通久丸漂流事件などにみるように、北前船による買い積み方式の苦しさと大きさに気づいてもらうことにもあったと思われるのです。実際にはしかしそこに光を当てることまでには至らなかったのです。このことが、日本海交易が果たした意味と重みを人々に再認識させる機会を逸した理由と思われます。

⑥裏日本化へと追い込まれた理由

その一つは、明治期以降に、日本海交流が消え絶えていくままに放置した経緯があります。その上、富山の人たちは、富山県という内部の産業構造に教育を組み込んで、内に閉じ籠った経緯があるのです。そのことで、もう一つは、太平洋交流からの幅広い栄養を、その行動の仕方を普遍的な概念に基づいてつくり上げるという面で、獲得する機会を逸し続けてきたことがあるのです。

明治政府による近代化方式はさらに、税源は北陸地方を中心とした地域にあるのに、「その税収はやがて明治政府が臆面もなく表日本と呼んだ、太平洋沿岸地帯に投入されたせい」（『越中から富山へ』p.106）と高井が述べていますが、まさにその通りのものであったのです。

これとともに、筆者の見方では、石川からの分県の争いや、中央政府にすり寄った政策が顕著なことを見ると、江戸時代全般を通して、富山藩がのみ込まれ、その存在感が見られなかったためと思われるのです。中央政府から見て、富山県人は御しやすいと把握されたようです。

越中人は、政府にもの申す勢力足り得ないのみならず、西欧文明をその行動で引きうけて牽引する勢力にもなり得ないと見られたわけです。越中は予算を取る勢力でもないとされたことが、北陸のウラ日本化を促進したのです。

これらは、高井の指摘した「三重表」の存在を証明してもいると思われます。

⑦戦災復興から何を学んだか

とにかく、町内の街並みや公園の作り方なども無味乾燥に見えます。自己主張しない、無性格で、冷たい再建の仕方に特徴があるようです。

ただ、誰が見てもいいように形式に目を向け、それを綺麗につくることで満足とされた街並みのようです。ですから、それぞれに他の人たちに良い影響をもたらす形での、人間の温かみとは何かと考え、それを創出する工夫さえもほとんどなされていないのです。

大きな山崩れが、川の氾濫が、大空襲が、大火事があったのです。富山市も実際には、不本意な出来事に巻き込まれた経験が多すぎると言っていいのです。

しかしながら、鼬川沿いに、いくつもの水神の社が置かれ、そのことの悲惨さを主張していますが、人々は多くの場合、種々の取り返しのつかない混乱に巻き込まれても、そのことを訴え、その根本から新しくつくり直すことをしないで、そこに佇むだけという傾向にあるのです。大きな怪我をしないように身を小さくしているしかないようです。嫌なことに巻き込まれないように、無関心を装う方がいいとされているようです。出来事の前に、歴史の前に出ないように、そこから引っ込んで、息をひそめて生活しているのです。

つまり空襲は怖い。だから、二度と繰り返さないようにしよう、戦争はやめよう、戦争のない平和をつくろう、という風に、大声で言わず、それに向かって行動しないのです。空襲があったことを記す印も、街中には、ほんの小さいものしかないのです。何にしても先ずは、市の行政に、市民各々に「戦争を繰り返さない」と、教える像もありません。そのため「平和をつくろう」までにはほとんど行っていないのです。

⑧敗戦から人間の生き方を学んだのか

『毎日新聞』西部（門司）本社から、八月十五日から三日間にわたって白い新聞が発行されていたという。これは西部本社の編集局長高杉孝二郎の指揮によるものであった。毎日新聞は日本の降伏を確定的事実として十三日にはつかんでいたという。高杉は二日間考えつづけ、社長に「戦争を謳歌し扇動した大新聞の責任をとるため、国民に謝罪し、新聞は廃刊すること」を進言した。

（高井、前掲書 p.209）

目覚めて生きるには、自分という人間を現実に照らしていかにつかみ直したか、直すかです。

⑨三・七体制

子どもたちへの教育については、エリート主義という牙をもつ形で、富山県という狭い一つの単位に内向きにまとまって実施することしかできませんでした。このことが、高校格差でも問題を起こしているのですが、一つの高校のできないクラスにおいても、そのクラスに振り分けられた人々の内面に修復のむずかしい劣等感を植え付け、年配になってもそこから立ち直ることができていない人たちを生んでいます。このことは残念なことです。また、「地球の子」「アジアの子」「東アジアの子」という別の複数の視点に立ち直して子どもたちへの教育の機会を与えられなかったことが、「判断停止」という後遺症に気づかない原因にもなっているのです。

Ⅲ　日本人の内面の基層――和魂洋才

人々の情や感覚は、地域自然や地域史が取ってきた姿に感じ入り、それに生活が馴染み、その営為に方言と共通語が調和し、醸成されて内面がつくられているのです。それが、日本人における人間の内面の基層です。

この基層の充実の上に、その時代の国家の近代化と繁栄に必須とされる諸知識や諸能力の向上を目的に、各分野で必要とされる観念言語の習得がなされているのです。この作業を、観念的な構築がしやすいとされる共通語が担当しているわけです。

ここで傍線で示した「感覚が生活に馴染む」という点からいえば、この基層の充実は一般的には、地域自然にのみ込まれて、情が養われる、そんなプロセスで進むもののために、きわめて現状維持的、地域密着的なものです。そして、この「現状維持的」という表現は、日本的な傾向を示す上では忘れてはならないポイントです。そして、この表現の代わりにむやみに「保守的」という観念が当てられる傾向が強いのです。

しかしこれは、この「保守的」はあくまでも地域自然が辿ってきた習慣に従うという意味です。すなわち、ここでの地域密着的とは、近代政治を左右し得る「概念的保守」ということではないのです。さらにいえば、人々が地域密着的に生きて当たり前と思っていることが、政治において近代的、概念的な保守性の芽が生まれることを阻害しているのです。地域密着的な姿は、体質的に概念的な保守性を追いやるものであり、両者はどこまでも相反するものなのです。ですから、政治において、概念的な保守性が基本として生まれないところには、政治的な革新性は育たないということです。このため、これまで日本人にあり得た大概の姿は、心情性にのみ込まれた「知識的な保守性」であり、そして、心情性にのみ込まれた「知識的な革新性」なのです。

さらに、この地域史のプロセスにこそ、その地域の人間の内面が育成されるとすれば、それはきわめて大切なものです。ですから、このプロセスに取り返しのつかない歪みや劣等感が入ると、それを元に戻すことは難しいわけです。このことはこれとともに、近代化に関しても「現状維持的な体質前提での」近代化に留まるのが普通ということを示しています。このため、「この基層の充実」を体質的に変えることは難しいのです。

このようになる理由ですが、それは、日本人においては、図1に示している、「①日本語の三角形」と「②生徒中心の三角形」とが、無意識に分けられて使われていることにあるのです。そして、前者が「和魂」を育むものであり、後者が「洋才」を育成するとされる部分です。言い換えると、この二つは一つになることはないか、もしくは、難しいということです。

まずは、「①日本語の三角形」では、㋺の日本の地域自然・地域文化・地域史・生活が、㋩の人間に対して、主要なことを教え込む主役であり、先生ということを表しています。

ここでのあり様を説明すると、「①日本語の三角形」が取る特徴は次のものになると考えられます。

第一にその形は、地域によってすべて違っているということです。

第二に、「②生徒中心の三角形」が取る形は、「①日本語の三角形」のあり様に左右されやすいことです。

第三に、全国に見られる家庭や人間がどのようにあるかをも示すものです。それぞれの家庭や人間のあり様も、「①日本語の三角形」の内に育成されています。ということは、家庭や人間は、表の組織社会で働く「②生徒中心の三角形」の動きの裏にあって、「①日本語の三角形」の働きとつながってつくられているということです。つまり、「人間」と「生徒」の関係は連動していて、多くは同質ですが、アンバランスに、ぶつかりつつ調和もしてつくられているわけです。

日本の学校教育は、取り立てて、生徒にタガをはめ、「②生徒中心の三角形」を刺激してなされています。「人間」の存在が忘れられているのです。

ですから、「①日本語の三角形」の取る姿が気づかないうちに一旦歪み傷ついてしまうと、その内側で守られ、維持されている傾向が強いことから、体質が脆く、人間も歪みやすいのです。

それでは「①日本語の三角形」と「②生徒中心の三角形」の関係を図1で見てみます。この二つの関係は以下に見るように、「情、または、空気の三角形」と「論理構成の三角形」との「二焦点図式」です。

図1

①　日本語の三角形

「地域自然・ひらがな・縛り」

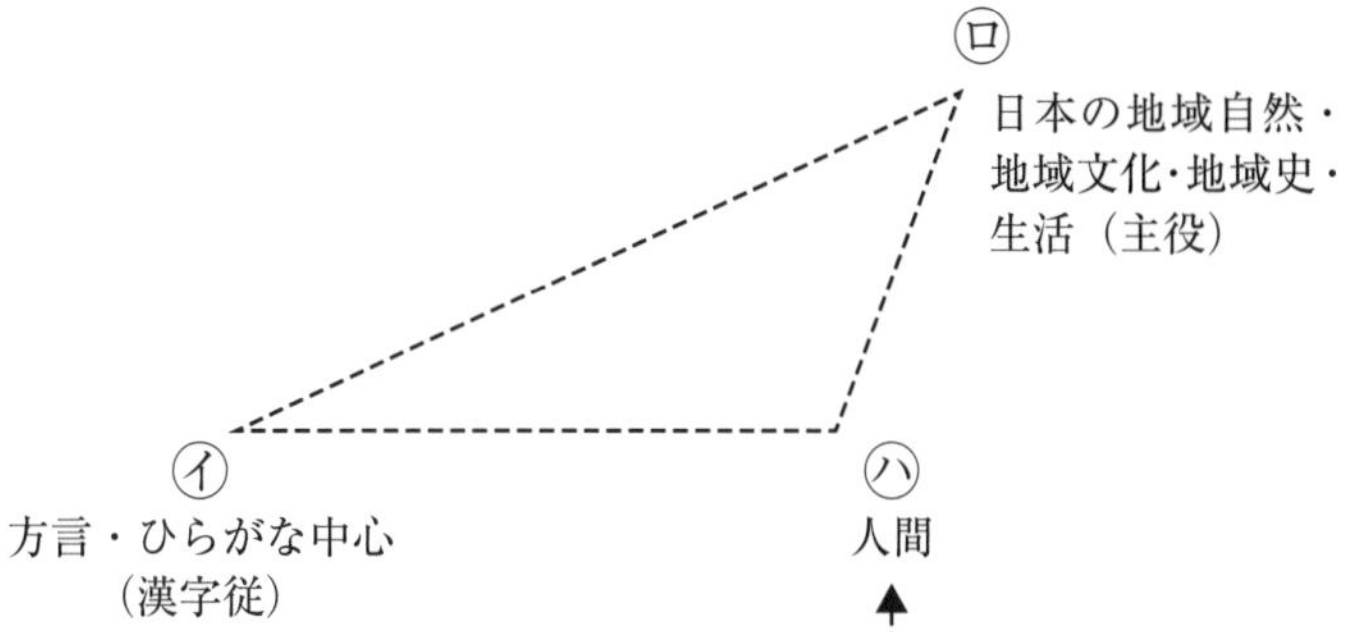

②　生徒中心の三角形

「論理的構築」明治期以降の思想

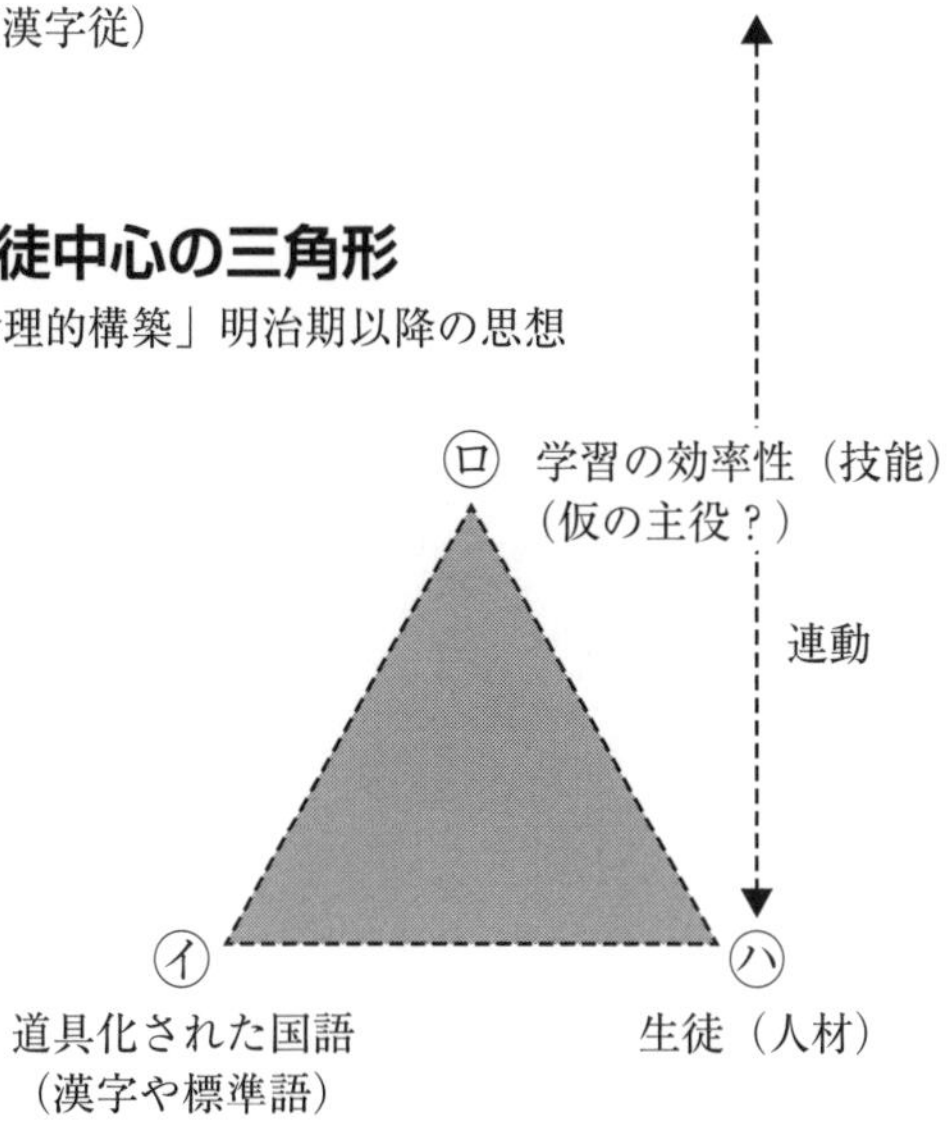

この図に見るように、「人間」が内側にあって、その姿をつかむのが難しいのです。このため、この「人間」がどのようにあるかを見続けていくには、何よりも日本人としては方言を手放さないことです。

方言を話し、互いに身を近くに寄せ合い、正体がはっきりしない方言体質を抱えて成長し、かつ貧しくもなってきた人々です。仮にその人間に物足りなさを感じ、一歩引いてばかりいて、冷たい奴だからといって、方言を手放すとすれば、それはその人間を手放すことになるのです。

また、この方言体質につかまれた人々は、概念を技能的に都合よく使いこなせても、概念が構築する普遍性に即して生きることを排除する傾向が強いことを警戒すべきです。

そのため、方言は、惰性的に流れる方言については、どこまでもその方言をしっかり見据え、その自動化の方向を阻止して、人間をつくり直す方言へと導く力を持つことです。

おわりに——日本語の新たな場に向けて

共通語の裏には、正体不明の方言体質が働いている——それは、どんなものだろうか？

○人々は、それぞれ違った地域の自然や歴史に生まれ、そこに合う方言や、ひらがななどの、わご（和語）を使用して、それらに何らかの愛憎の感覚を持って生きています。そして、それぞれの地域の人（富山の人）に、そして日本人になっているのです。その点では、しっかりと相手に温かさを伝えられるのは、方言だけとも言えます。

地域ごとに特有なある形式を備えた方言があります。それは、本論で示していますが、図1の①の㋺項、㋩項と無関係に、㋑項だけを対象にする時、それを方言（A）とします。そして、その方言を用いて生活して初めて、その地に特有の人間をつくる方言（B）を習得している、つまり、その地の人になっているのです。この点、方言（B）では、それがどのようにその時その時の空気やその色に着色して表されているかを知っていることがポイントになります。

方言（A）と方言（B）の区別が大切ですから、ここで再度確認します。図1の①の㋑項にあるものが方言（A）です。これが従来「方言」といわれているものです。これに対して、図1の①の㋩項の人間が㋺項の地域文化に育てられる中で使うことで㋑項の方言（B）となるのです。すなわち、図1の①の三角形の㋑、㋺、㋩が有機的につながり合ったところで使われるものが方言（B）で、㋺と㋩を除外して㋑のみを対象とする時、方言（A）となるのです。

図1の①でいえば、

㋩項の人間が、㋑項の方言（A）やひらがなを使う立場にいます。

㋺項では、日本の地域自然・地域文化・地域史・日々の生活が主要な働きをして、人々の生活を左右しています。

そのため、人々は本来、それらがどのようであるかに注意を注ぎつつ発言する、ことが大切になるのです。このプロセスが方言（B）です。

そしてこの方言（B）には、長所と短所があることに気づくべきでしょう。方言（B）が、既定の思いに縛られ惰性化して使われていたら怖いからです。惰性化してしまった方言（B）には、それを使う自分がどんなに淀み、自分自身を傷つけていても、そのことが分からないし、その地域を新しく変えることなんてできっこないのです。

ですから、少なくとも方言といっても、ここでは方言（A）と方言（B）との二種類の見方があることを理解したいものです。これについて、真田信治の見解を見てみましょう。

彼は「民族文化としてわれわれの母語（母方言）の表現法は、先祖たちのものの考え方や感じ方を基軸に、その結果として生まれ、発展してきたものであるには違いないのです」（『方言は気持ちを伝える』p.189）と指摘しています。

彼がいう「母語（母方言）」とは、その地に特有の人間をつくる方言（B）のことです。真田がここで「先祖たちのものの考え方や感じ方を基軸に、その結果として生まれ」と説明しているように、方言（B）を習得するとは、以前のものの考え方や感じ方を身につけることなのです。

とすれば、方言は、必ずしも現代に合わない面を持っていることになります。方言において、新しい革新的な思想と各々の人のあり方を獲得し、操作することが難しいということです。

また、どれだけ漢字が中心にあって、それを使いこなしているように見えても、本質的に方言やひらがなから離れて生きられないのが日本人です。海外に出かけてもここから逃げられないでいる日本人です。それでは、彼ら（日本人、富山の人）は、どのような姿勢で海外へと歩み出し、いかなる顔を見せるのがいいでしょうか？

○実際にはなかなかに難しいのですが、人々は、それぞれの地に特有の人間をつくる方言

（B）がどのように働いているか、を自覚していることが望ましいのです。

少なくともその地や地域史が担う勢いから民俗的に良い刺激を受けて生活ができていればいいのです。しかし、自らの方言（B）が、その人間をつくる際に、その地や地域史が歩んだ過程において、マイナスの刻印を押しつけられて表れていることもあるのです。

そのようにして、自らを育てているその地の方言（B）ですが、これがどのようなものか、についてまず気づく機会が少ないのです。そのように無関心なのは、人々は田畑を耕し、商取引や行商をすることのみに追われ、明け暮れて、その話す言語の中身について顧みる日々がなかったことから、当たり前ともいえます。

これに対して、明治期以降において、人々はたとえば学校に通って、図1の①ではなく、②に示した標準語を学びいろんな学習をしてきています。その多くの場合、その目的には「人格の陶冶」が含まれているにしても、大概はその主要な目的はそれぞれの分野において、一定の技能や知識を獲得して、「社会に必要とされる能力を身につける」ため、とされてきている側面が強いのです。

ということは、人々は内面を持つ人間であるのに、図1の①と、そして②との接点を歩いていることになります。とすれば、図1の①の習得にもちょっと足を突っ込み、そして②にも、単に実用的に足を置いているだけというように、中途半端な言語の使用をして、それを顧みないことが多いのです。

人々はつまり、特定の地域にしか通用しない方言・狭い意識の言語から影響されるとともに、かつ標準語からも影響されるというように、「どちらとも性格づけられないグレーゾーン」を生きているのです。

これに関することを、真田信治はまた次のように述べています。


越中と飛騨の国境の村、五箇山・上平。

筆者は、敗戦の翌年にこの地で生を享けた。そして高校生まで町部で生活するようになるまでの約16年間、すなわち言語形成期といわれる期間のすべてをこの山村で過ごした。確かに筆者の言語体系（特にアクセント体系）の骨組みがこの時期に形成されたことは事実である。今でも彼地の方言体系・構造のフレームは自分の内省に基づいて記述することが可能である。しかしながら、現地での会話の全体を方言で通せるかというと筆者にはまるで自信がない。ときおり故郷に帰って、老年層の人々と話すことがあるが、そのときのプロセスを振り返ってみると、「マメナカイシ」（お達者ですか）、「キッツイノイ」（元気ですね）といった挨拶部分では、自然と方言形式が出てくるように思うが、ひとたび世相一般のことや現在の自分の仕事のことなどが話題になると、これまた自動的に標準語に切り替わってしまう傾向がある。もちろん標準語といっても、そこには方言的な終助詞や音調が混じっているわけで、それは厳密には標準語と呼ぶべき実体ではないのであるが、意識上はコード・スウィッチングせざるを得ないのである。

このことは、筆者自身の性格や育った環境なども影響していようが、一つには、この地の方言の機能する領域が狭いということが関係している。方言自体が近代的概念を持ってはいないからである。それで抽象的な議論を展開したりするといったことができないわけである。これは、一般に方言という言語の持つ、いわば構造的欠陥とも言えるものであるが、特にこの地の方言においてはその活力がすでに失われてしまっている。ただし、このような状況については、その言語変種を担う人々の数の多寡とかかわるかもしれないとも思う。実は、筆者と母方言を共有する人々は現在1，000人にも満たないのである。

少数民族の言語と同様の悲劇がここにもある。

（真田信治『日本のことばシリーズ16　富山県のことば』p.258）

ここでの真田が意図するポイントは、次の三点にあると思われます。

(1)ひとたび世相一般のことや現在の自分の仕事のことなどが話題になると、これまた自動的に標準語に切り替わってしまう傾向がある。もちろん標準語といっても、そこには方言的な終助詞や音調が混じっているわけで、それは厳密には標準語と呼ぶべき実体ではないのであるが、意識上はコード・スウィッチングせざるを得ないのである。

⑵この地の方言の機能する領域が狭い。

⑶方言自体が近代的概念を持ってはいないからである。それで抽象的な議論を展開したりするといったことができないわけである。これは、一般に方言という言語の持つ、いわば構造的欠陥とも言えるものであるが、特にこの地の方言においてはその活力がすでに失われてしまっている。

この⑴、⑵、⑶三点が示すことは、

一つは、方言を使うか、それとも、標準語を使うか、というように、区別された言語使用ではなく、そのどっちともつかない使用になってしまうということです。

そしてもう一つは、人々は方言をすっきり卒業し、方言の垢が少しもつかない標準語で生きることが難しいことです。

この点からいっても、明確な標準語であっても、そこに使われる概念も、方言に馴染みやすく、そこに溶け込んで利用され、方言に支配されやすいことをも示しています。つまり、生来方言に馴染んで生きているために、形式的に標準語の形式を保っていても、それは実際には、その実体を保持しにくいということです。

さらにいうと、いかに形式を保持して標準語を維持し、それで通しても、その実体を維持することが難しいのです。それは、方言自体を、母の心と区別のつかない子どもの時から話しているため、そのような人々が正式の場で標準語のみを話すように成長しても、方言が実質的にその人間の内面をつかみ、その人間を支えているからです。

さらに、真田の「この地の方言においてはその活力がすでに失われてしまっている」という観点をもとに判断するとすれば、このような状況になったことについては、その地域の方言を大きく劣化させ、人々の生活を特定の狭い民俗性に閉じ込めてきた史的事件のせいと、見ることができるケースもあり得るということです。

すなわち、人々が国家的、企業的にいかに立派な能力を身につけ、社会的に出世しても方言（B）がそれまでに経験した様態において、仮にそれが淀み、劣等感を深め、かつそこから抜け出られないものであったとすれば、その人たちの人生はどこかで気後れし、寂しさに満ちたものに留まる傾向が強いということです。

言い換えると、このことは、図1に見る「①日本語の三角形」の次元と「②生徒中心の三角形」の次元は質的に相違していて、そこでは、「①日本語の三角形」の次元は、人間のあり様を大きく左右していることを明らかにするものです。

というのは、明治期以降に、新しくつくられた言語には、つまり、標準語、または「ひらがな漢字交じり文」が、あるのですが、明治政府の期待に反して、この働きとしては人間をつくり直す力が弱いことに特徴があるからです。つまり、「ひらがな漢字交じり文」によっては、各種の空気や風の流れに着地した方言（B）が持つ力を否定し克服し、日本人の、人間の、放浪したあり様を修復して、「民主性」「普遍性」「対等性」「一定の価値観に則した生き方」を志向するというように、新しい在り方をつくり上げ、保持する力を期待することは難しいのです。

しかし他方では反対に本来は、この「ひらがな漢字交じり文」によってこそ、西欧的な概念に基づいて自立的な思考を実現することが求められているのです。

この見方においては日本語は、「①日本語の三角形」と「②生徒中心の三角形」との二種類からできていると考えられます。

そして同時に、日本人が方言を話す際には、「①日本語の三角形」の三つの関係が前向きに維持され、プライドを持って使われることが期待されています。誤って追い込まれて使われたりすると、富山の人たちの方言の使い方に見るように、気後れしたあり様へと陥る可能性があるのです。

○明治以降でしょうか。その頃から現在に至って、かつての富山藩領域に住むみなさんへ、というべきでしょう。さらには、ある程度はこの富山藩領域以外に住む富山のみなさんへ、ともいうことができるかと思われます。

みなさんに、このように問いたいのです。どうして彼らは富山城や富山藩というように、歴史的にその地を確実に支えてきたものに冷たいのだろうか。そして、どうしてそれらを自慢して、いろいろな人たちに売薬について語ることがないのか、と。

普通であれば、全国のいろいろな地域の人々の多くは、その地域の産業や生産物などを誇り、その地域が辿ってきた歴史を誇って生活してきているのです。

地域史に冷たく、それを誇ることがないとは、寂しいことです。

とすれば、それにしっかりと出会っていないように思われます。さらに言えば、それらを誇る自信がないことです。それがその地域が生きて来た歴史であれば、それはある面では自分自身でもあるのです。

今生きている人たちがその地域史を脇に置き、それに明るくないとすれば、特に理由が分からないままに、自分を低くしているように思われます。それ以上に実質的には、三百年間にわたる武家政治が、いいにしろ悪いにしろ、富山の人たちの内面にうまく受け止められていないように見えます。そしてあんなにも多くの人たちが苦労して働いたのに、今や売薬業の生活が空しく響きます。言い換えると、富山地域において、売薬を誇らなかったら何を誇ったらいいのでしょうか。

先祖にあたる人たちが冷たく対していたから、その後を引き継いだ人たちも同じなのかもしれません。それではしかし、あまりに寂しいのです。

富山藩は、加賀藩主、第三代利常によって一六三九年に立藩された藩です。そしてその立藩のされ方は、なぜか属国という形のものだったのです。そのことが、富山の人たちを思わず一歩も二歩も後退させて、平気な理由なのかもしれません。

であるとしても、なぜに属国という形を押し付けられたのか、さらには、属国であることにともなう苦労はどのようであったかと推測して、その労苦に共感するとともに、その理由をクリアにしようとする時間が、富山に生まれた私たちにあってもいいわけです。

でも、富山生まれの私たちの多くはそのような疑問をほとんど持ったことがないように思われます。それについては、地域の人たちからの説明もないし、学校の教科書でも全くの脇道として扱われてきているからです。教科書的には、つまり、受験に必要な知識としては、富山藩はなくてもいいとされる空白の存在のようです。

人間の自立云々という観点では、歴史の基層は富山藩について考えることにもあるはずなのに、教科書的には日本史の中心は、信長であり、秀吉であり、家康にあり、天下分け目を戦った武将たちにしかないかのようにみなされてきています。その中心はまた、勝利した利家にあり、いかに家康の側にいて戦っても、敗北した成政にはないとされてきています。そして、駿府城、安土城、桃山城、大坂城などが中心なのです。

これはこれでいいのですが、事はそれに留まっていないのです。それは、勝者の地域でも敗者の地域であっても、どちら側にあっても、そしてどんな地に置かれた人であっても、この日本史の中心に向かって物申すことができればいいのです。

どの地域にあるとしても、例えば会津藩のように、その置かれた地域にいて全国に向かって物申すことができる、そういう積極的な気概があればいいのです。しかし富山藩は直に全国に向かってその見解を示すことが許されなかった歴史を押し付けられてきたようです。そのためか、今もなおその地に住む人々はぐっとひき下がって、内にこもってしかいられない根性にされたようです。

歴史的には実際に、君命によって、一方的に否応なく属国として支配された地域はいくつもあると思われます。

それは、親から子への命令でもあって、ただ従うしかなかったからでしょう。不本意でも親孝行です。子も領民も、戦う余地なく、親の意に従って生きるしかなかったのです。そのようでは、属国とされた地域の人たち、家臣や領民たちの内面はただただつぶれるしかなかったのです。

富山藩立藩は歴史的に見ると、一般の藩から見るだけでなく、世界史における自立した人間存在から判断しても、取り返しのつかないマイナス性を引き起こす原因にもなっています。

とすれば、この事実は何かを告発し続けていいわけです。このため、この歴史的な存在を無為に通り過ぎることはできないはずです。この出来事は人々に、それが歴史的には「負の問題」であり、決して忘れてはならない事件であることを喚起しているのです。

富山藩はそれが立てられた経緯もあってずっと貧乏な藩だったのです。それでも自藩を守り続けたのです。そしてそれ故にそのことを後世の人たちは誇りに思っていいのです。

さらにはまた、徒弟制度の最たるものであり、苦しい過程を辿った売薬業でした。それが開始されていくことで、その売薬業も次第にその販路を拡大させ、その努力を全国に、そして世界に認めさせ続けたのみならず、それによって富山藩を、富山県をも支え続けたのです。そのような力強さを、それが人間をすりつぶすほど重い「負の面」を持っていることを認識しつつ、現代人は誇りにしていいのです。そのことを忘れていることが非であって、忘れないで、それをつかみ直すことが求められているはずです。昭和六〇年の「市民大学ガラス工芸コース」の開講を皮切りに「ガラスの街とやま」への取り組みがスタートしたとされています。このことへの取り組みはあっていいと思いますが、「売薬業の街とやま」の旗はおろしているようです。これでいいのでしょうか。

江戸時代においては、各大名は、親藩、譜代、外様の三種類に分けられて配置されていたわけです。その相違から、必然的に江戸表への向かい方ははっきりと違っていたのです。それでも、各大名はその立場から彼らの思いを先鋭に示すことがなくても、その必要があれば直接に江戸表にその姿勢を示すことができたわけです。そのことが名誉でもあったのです。しかし富山藩はその立場に立つことを許されなかったのです。それは不名誉そのものでした。

その不名誉に対して、嫌ならば嫌なことだと言っていいのです、好きにもならなくてもいいのです。でも、嫌いでもいいから、当時の人たちが苦労した分、その地域に今住む現代人であれば、彼らの苦闘のおかげで今私たちがこの場にいられることを思い、富山城が辿った貧しい歴史を、売薬業の歴史を大切にしていいと思われるのです。

そのように誇りにすることができるならば、藩として全国へものを申すことを遮られ、そして藩もその領民自らも、自分の意見をどんな形にせよ持つことも許されなかったことで、持たされた虚脱感であるとしても、越中史の中の富山藩史を、そして売薬史を大切にすることで、逆によりいっそう、自身が自信を持ち、少しでも癒され、活力を持って生きられるきっかけになると思われるのです。

忘れたいと思うマイナスであり、それ故そこから逃げたいと思っても、それでも、思い直してそれを自らの方言で、そして自らの力でつかみ直すことです。そのような行為が今の自分たちに力をもたらしてくれるのです。

このはなはだしいマイナス性をつかみ直すという行為を大切と思えば、このことを、共通語などによってではなく、その地に特有の人間の内面をつくり、育んできた方言（B）でもって行うことが基本です。そのことで、自らをも活気ある人間へと克服していくことができるのです。

○「ひらがな」とはどのようなものでしょうか。和歌や俳句などには漢字も使われますが、主にはひらがなが使用されています。

普通にはしかし、漢字の習得がきわめて重要なものとされているわけです。このことから見て、漢字がこの社会を活性化させ、そしてその基本的な枠組みを構成する主役のように扱われています。漢字は、海外から得た無数の知識を取捨選択し、その時代時代に合うように、日本社会や国家の枠組みを組み上げる働きをしています。

それでもしかし、その実情としては、ひらがながその背後にあって、今の社会の秩序であっても、周囲のいろんな環境によって影響されるとともに、古い時代の『万葉集』などの書籍を範に置き、そこへと戻ろうとする形で、仕切っている「真の主役」のようです。

言い換えると、日本の歴史では、「ひらがな中心の言語」と「漢字中心の言語」とは大きく分裂して展開しているのです。

この特徴があることから見ると、以降も、到底修復し得るとは思われない「ひらがな」と「漢字」との間の分裂があります。このことから、これからもこれを避けることができないと思われるのです。

言い換えると、歴史的に見ても「①日本語の三角形」は、この三角形が持つ範囲を広げようとせず、内向きに閉じて、自己完結して展開している色合いが大変大きいのです。

さらに言えば、一面ではこの「①日本語の三角形」故に、その限りなく繰り返される惰性的な流れに、各地それぞれに特有な「ふるさと」が、ある局面で元気な半面を見せつつも、底辺では希望のないと思えるような空虚さと、硬直した封建性に包まれ維持されているのです。

そのような中にあっても、その時々に変化する周囲の色合いにマッチして働く感覚や心情に結ばれ、人々は、古びた閉鎖性を互いに共有して生活してきているわけです。

普通に言うと子どもたちは、自分たちの思いを大切にして生活しています。その上気づかないのですが彼らは、自分たちの思いに加え、「母の思い」「親しい友の思い」を、そして「その家の思い」を受けて生きているのです。これらの思いに根差して、子どもたちはそれぞれの地の方言を、そして共通語を使っているのです。その点では、まずはこれらの思いが歪まないように育てることが何よりも大切です。

このように、昔から続く既定のあり様が支配的な様は、豊かな自然などが少なくて、無数の高層ビルや幾重にも重ねて張り巡らされている道路網などの存在で、きわめて見えにくいのですが、横浜市や東京の都区内のような大都市にも、稀薄ながらも当てはまるのです。横浜市各区の空気もまた、人々の内面を前面に押し出すにはあまりに弛緩しているのです。そんな空白をふるさとにせざるを得ない子どもたちが多いのです。それは、彼らがひらがなやカタカナを中心にその内面を染めて、漢字基本の軸をもとにして自己の内面をつくり生きてはいないからです。

ということは、明治期以降において諸外国から強いられて入って来た大きな変化を除いて、自発的に新しい機軸を選んで、それに基づいた斬新な改変は生まれることがないことを意味しています。

これに従って考えれば、人々がすることは、将来にわたって、それでもなおこの「①日本語の三角形」を中心にして、「②生徒中心の三角形」を上手に回していくことが第一の方式になります。

そうであれば、後者の「②生徒中心の三角形」が担う主要な目的は以下のものになるわけです。

まずは、これをいろいろな情報を収集し、海外からのものを含め、新しい知識を獲得するために使うことになるのです。そして次には、その時々に展開される「①日本語の三角形」が発するいろいろな種類の風にとって都合の良い仕方の「その時代に合った組織建て」を維持していくことです。

これに対して、二番目の方式は次のものです。

「②生徒中心の三角形」の目的を、一個の人間として自立し、民族を超えて対等を求め、地球上の各地に住む人たちと共生するためのものとすることです。

このようにする場合、「①日本語の三角形」がつくる閉鎖的な関係は、それをそのままに保持していけば、惰性に流れ、内実を生かすことができなくなる危険性が大きくなるのは必至です。それ故にこそ、㋑と㋺と㋩の三つが持つ既成の関係を少しずつ緩め、それがつくる偏狭さに、封建性に、そして、惰性に流れる空しさに、こだわらない方向を模索することです。

すなわち、「①日本語の三角形」を一方で堅持しつつも、他方では一旦すっかり脇において、これとは全く異質で別の軸を立てて、言語をつくり上げることです。

仮にですが、このようにすることができれば、二つに分裂した方言と共通語ですが、その使い方を選ぶことで一つの理想をつくりあげ、国外へと一歩踏み出て、民族を超えて人間として付き合うことも可能と思われます。

どちらの方式がいいのでしょうか。

もう少し、日本人の体質を考えてみましょう。日本人は古い体質を保持しつつも、同時に人間として既成のあり様から踏み出て、海外の人たちとの対等を求めて生きようとする広い内面を持ち得るはずです。

日本において、その民族は、吹き渡るいろいろな風を呼吸し、各々の感情を耕して育つ感情の存在としてあるのです。

それぞれの人の内面は、ひらがなに刺激され、一人の人（感情1）、他の人（感情2）、さらにもう一人の人（感情3）というように、各々それぞれの感情を育んで生きているのです。人々は、ひらがなの働きを一つのきっかけにして、その地域内に広がる自然の、いろいろな働きに自らの感情が育まれ、繊細な内面を持って生きているのです。そしてまた、その内面の感情に合うよう、中心にひらがなを選び、周囲を色づけています。

しかし、感情1の人と感情2の人は同調しても、感情3の人とは合わないかもしれないのです。このように複雑に離合集散しているのが感情です。

さらにスケールを広げて考えれば、それぞれの土地が育てる感情を基層にして生きている人たちに対して、抽象的な言語構造に基づいて思考するため、具体的な土地の色に染まって生きることを頑として受けつけないで生きている多数の異民族がいるわけです。このように、思い方が全て違った人たちがこの地上にあることを意識して、人間を意識し、民族的に孤立しない将来を持つことは大切と思われます。

○いかにコンビニやドラッグストアが全国に増えても、以前から定期的に各戸を対象に配置してきた置き薬の業です。そのようにして手に入れる薬の安心感はほとんど絶対的に近いものです。

その点では、店頭販売の薬品におされたとはいえ、置き薬の配置を減らしてきたことは大変残念なことです。ですから、全国各地に販路を広げることを含め、旅に日々をすごして働くことは労働過重であるだけでなく、いろいろな薬が豊富になり、競争力がなくなってきたことは理解できるのですが、それでも配置薬業に力を注ぎ、少しずつでも停滞の度合いを少なくしてくるべきだったのです。

この売薬業は越中人そのもの、富山の人そのものだからです。関心をなくしたことで、取り返しのつかない歴史をなくしたのです。全国的存在ではなくなってしまったのです。

全国へと訴える機会を減らし、その存在意味を薄め、裏日本化を実質化させる原因にもなっています。すでに売薬の時代が去ったことを物語っています。今や富山市新庄の町に薬種商の金岡邸がひっそりたたずんでいますが、それを見ると、あの激しい気性の越中人が去ったことを、そしてその精神が富山の人にはもうないことを示しています。

富山藩についても同様のようです。長い年月にわたって加賀藩に屈従し、それ故に、貧しさを強いられて過ごし、その流れで明治もまた貧しかったのです。

が、富山藩はそれでも明治までこの地域の秩序を繋いできたわけです。その努力があって私たちの現代があるのです。そのことに無関心であれば、私たちは精神的に貧しいものになり下がっていることになります。私たちもまたこの藩が支えた地を支え切って、そのプロセスに良いものを見いだし、そこに足りないものを付け加えられるように努力するべきです。そこにこそしたたかさがあるのです。そのしたたかさをなくしたら、金沢や他の地域の人たちにかろんじられるだけとなるでしょう。

高井進は、横浜港と富山藩領との間にあった「三重表」の存在を指摘しました（本書P.105参照）。ですが、これを返上するには、まずは富山藩が置かれた実情がどのようであったかと正確に認識することが求められるのです。その実情を認識することから逃げていれば、現代にあって自由に海外旅行などができる私たちであっても、高井が指摘した「三重表」を実質的に克服しているとはいえないと思われます。

○「価値観を持つ」とは、人々が個を意識してその目的とするものを選択し、その意志に基づいて、必要なことを行うことに繋げていくことで意味を持つのです。ですから、その価値観はそれぞれにおいて異なっていることが基本です。

しかし、受験し良い学校に行き、良い就職をし安定した生活をし、健康に定年まで働き、楽しく百歳を目標に生きる、というように、起点も終点も、社会によって設定されて動かされている面が顕著に見えます。このように、人生の進められ方がおおむね同じであれば、それはもはや各々が価値観を持った行為といえるものではないのです。

これで良いとしているのでしょうか、互いにそこにいる人たちの息遣いを内向きに感じて、励まされて、求められた（自分も求めている）ことをしていくことが大切にされてきています。そして、日本人としては、人々の間の起点終点が中途半端で、違うことがあっても、つまり互いに差別し合ったり、落伍者がいっぱい出ても、このように、互いの息遣いがどのようなものかと配慮し合う関係がずっとあると確信できれば、大方はそれで良いと思っているのです。そうでないとすれば、不幸せと思うのかもしれません。

これまでは、人々は上から価値づけられ、社会組織が求めることに、人々が協力してきた社会としてあったのです。多くはそれに、違和感を感じないので、それに引きずられ、分裂しないできているのです。法政経、数学、工学などをやっている人たちの多くも、このように生きてきていると思われます。

つまり、己の概念に基づいて一貫して生きる個がなくていいのです。各々が同色であることに安心を覚え、それで良しとしているのです。さらには、この社会の方も同色であることを求めています。この現代社会は、人々に同じことを求めるという意味では、方言が中心に働く、大きく肥大した村社会でもあるわけです。

でも、今やそれに苦痛を覚える人たちが激増している現実にあるのです。そのため、このような人たちを減らし、互いが窒息しないで生きるには、同色性を大切にして、互いが話さなくてもツーカーで理解できるというあり様を前提にしないことです。

それには、あくまでも互いが他者であることを認識し、これを前提にして生きることです。離れている所からの、言語による関係づくりを基本の方向、個存在であることを原則にする方向を模索していくべきと思われます。この関係でなされるものをコミュニケーションというのです。

私たちの周りを見ればまた、方言は習慣的にカラ回りし、中身のない形で働く傾向が強いのです。そのために、生きる力を弱くしている人たちがいます。それぞれの場が維持している同色で、習慣的な繰り返しが普通の秩序として見なされ、そこでやり取りして良しとされやすいのが方言だからです。さらにまた、都市化のせいで、時に地方の繁華街などが活気づいているから大丈夫だろうとされ、繁華街とは離れた地域の秩序が停滞していることに頓着しないことから、それによっていっそう暗く、空疎な空気が蔓延し、方言の空無化も大きくなっているのです。

言い換えると、どの意味においても、方言とは、それぞれの人間に、価値の自由による個を設定しないし、その場の同色性に根差すことで、そこでのいろいろの変化に溶けて、そのことで豊かになるか、または、その反対に、豊かにならずさらに貧しく枯れていく、というような、そういうプロセスにおけるものなのです。このために、この類のやり取りを、間髪をいれずイエスとノーを発し、その自由において人が人をつなぎ切る働きをするコミュニケーションと規定することはできないのです。

○農耕作業やいろいろな産物を扱う中で、互いがつながりあって、心がひとつになり、まとまったものになっていくのですが、その中で時に要《かなめ》に働く、のが方言です。

どの作業も単調なものと思われますが、地域全体として、その単調さに耐え、江戸表という全国に向かって発言する気概を失わずに活気を維持してきているいくつもの地域と、その単調さに耐えるだけでなく、訳も分からずに先の見えない地域に置かれ、暗く、味気ない空気でいっぱいの地域があるのです。

富山藩初代藩主の利次（一六一七－一六七四）は、金沢で生まれた人です。その利次を初代にしたのは、加賀藩の第三代藩主の利常（一五九四－一六五八、利家四男）でした。父は次男の利次に、加賀藩を守るように、引導をわたし、一六三九年に立藩したと思われます。藩法とされる「小松御条目」は一六四四年に制定されたとみなされていますが、その実在はまだ確認できていません。

父の指示には従うしかない時代だったわけです。でも今もそんな時代なのかもしれない。しかし、領民たちがその後歩んだ道は大変な労苦であったと想像されます。

しかし、惰性化した方言によって味気のない単調さと暗さばかりが続く習慣が嫌ならば、方言はまた、人間を磨き、幸せにし得る人間の営為でもあるわけですから、その習慣と人間を、方言でもってつかみ直すことです。つかみ直して、各々がエンジンを持って、思う方向へと進むことができるようにしたいものです。

ですから、こう言いたいものです。

利次さん、あなたは、父からある指示を受け入れました。あなたを、そのようにさせたのは、今に生きる私たちから見ると、利常さんやあなたが、一方で江戸表からの目に怯えつつも、他方では強大でありつづけたいと思って、百万石と将軍家との姻戚関係という煌びやかさにしがみついたことが原因であったと思われます。

そのような魔力にも似た締め付けでした。そのような訳の分からないものから私たちは解放されたいと思っていますので、あなたの父による指示はここに返上することにします。

富山弁のあり方の定義と人々

第一に、越中は、プラスの付加を与えられた地域とマイナスの付加を強いられた地域との二つに、分けられて統治された長い歴史を持っています。この両地域の方言については、加賀藩あっての二つの富山弁という性格があるのです。

この二つの方言について言い換えれば、次のように言えます。

両地域ともに貧しかったのですが、予め、金沢（豊臣）の陣営のものに対して、佐々陣営のもの（敵方）という印象を明確にされて、優劣の意識が植えつけられ推移した二つの地域弁です。

　後者は、富山藩という一つの藩でありながら、他藩である加賀藩が直接支配し、そのため、経済的にも貧しかった地域で、けちな人が多く、家業にはコツコツと精を出すのですが、自分についての表現が大きく抑制され、黙りがちで何かにつけ判断をはばかる傾向の「富山町周辺弁」（正確には富山藩が差配した、ごく小さく狭い地域とその周辺に発するもの）です。

　言い換えれば、利長が金沢から出かけ、影響を与えた近くの地を中心にして市が盛んになり、また、金沢から遠く離れた遠隔地でも、鉱山や要の地を加賀藩が抑えることで、市が立ち、山車祭りなどで賑わったのです。つまり、越中では、旧富山藩は両加賀藩に挟まれ、監視される形で支配されたのです。

　それで、当時から今に至ってなお言えることは、富山町周辺弁に反加賀藩感情があるのは避けられない、というよりも、実際には、いじけ感情の方が広く、かつ強く見られることです。

　一方に、高岡、井波、砺波、氷見、新湊の各方言、五箇山方言があり、他方には、魚津方言、黒部黒東方言などが見られます。その間に、富山市弁があるわけです。

　第二に、右に説明した二つですが、これが対立しつつも、境界地では入り雑じって使われているものが富山弁です。

また、この二つは、上に述べたように、高岡弁、氷見弁、黒部方言など数種類の変種として話されているのですが、その理由は、越中には、大きな川、小さな川というように、沢山の川があって、古来自由に他の地域へと行き来できなかったため、特定の地域にまとまって生活してきていることから、いくつもの地域方言ができています。

第三には、立山連峰から下って、三つの平野に染み込んで富山湾へと入り、そこに湧き出た水流に潤され、越中全体が一つになってできています。このような地域自然に浸って、人々の内面が育てられ、この変化の中で富山弁ができているのです。

第四に、東京や大阪など、文化を発信する地域からの影響を受け、種々の変化を被った富山弁があるのです。

これまで指摘したこの種の、いじけ感情ですが、これは、高校・大学受験において、トップ校への合格率を高めて、癒えるほど単純な性質のものではないようです。合格への努力はむしろ、人間次元での気後れ感が消えないことから、それを認めたくないという、それ故の裏返しの行為に見えます。このような状態が変わらずに続けば、内向きの浅い人間関係に呑み込まれ、停滞するのみと思われます。

大伴家持は当時、越中の人たちの次元に降りず、越中万葉歌壇を彼らとともにすることがなかったのです。このように、今日大学などを卒業し、各自治体や大きな組織のトップにつくことがあるとしても、内向きで引いた体質から抜け出る大切さに気づかなければ、流れに引っ張られ、自分を失うのみで、歴史の暗闇に消えていく名もなき人たちを大切にし、その中に降り、ともに生きようと、求める力には必ずしもつながらないのです。

多くの人たちにおいては、自分たちがどのようなあり様をしているかに無関心のまま、ずっとこの状態が続くのでしょうか。とすれば、この地域史はとても虚しきものに終わる気がします。

参考文献

井上史雄・木部暢子編著『はじめて学ぶ方言学』ミネルヴァ書房、二〇一六
大田栄太郎『富山・人・ことば』二百部限定版、一九五八
大田栄太郎『方言調査・研究・資料目録』だるまや、一九七〇
大田栄太郎『越中の方言』北日本新聞社、一九七〇
大田栄太郎『日本の民俗16　富山』第一法規、一九七四
加藤和夫『新　頑張りまっし金沢ことば』北國新聞社、二〇〇五
神島武彦・編、平山輝男・編者代表『広島県のことば』「日本のことばシリーズ34」明治書院、一九九八
九州方言研究会『これが九州方言の底力!』大修館書店、二〇〇九
小林隆・編者代表・平山輝男『新潟県のことば』「日本のことばシリーズ15」明治書院、二〇〇五
佐藤亮一『都道府県別　全国方言辞典』三省堂、二〇〇九
佐藤亮一『滅びゆく日本の方言』新日本出版社、二〇一五
真田信治・編、平山輝男・編者代表『富山県のことば』「日本のことばシリーズ16」明治書院、一九九八

真田信治『方言は気持ちを伝える』岩波ジュニア新書、二〇〇七
真田信治・友定賢治『地方別方言語源辞典』東京堂出版、二〇〇七
真田信治『変わりゆく時見るごとに』桂書房、二〇一六
友定賢治・編、平山輝男・編者代表『島根県のことば』「日本のことばシリーズ32」明治書院、二〇〇八
富山真酒《まさけ》の会・編『みゃあらくもん　現代異人譚』桂書房、一九八九
北國新聞社『おもしろ金沢学』北國新聞社、二〇〇七
堀田善衛『めぐりあいし人びと』集英社文庫、一九九九
堀田善衛『時代と人間』徳間書店スタジオジブリ事業本部、二〇〇四
堀田善衛『上海日記　滬上天下一九四五』集英社、二〇〇八
前川久宜『金澤言葉あれこれ』北國新聞社、二〇〇九
室山敏昭・編、平山輝男・編者代表『鳥取県のことば』「日本のことばシリーズ31」明治書院、一九九八
簑島良二『おらっちゃらっちゃの富山弁』北日本新聞社、一九九二
吉崎四郎「置県100年記念出版」『越中人のこころ』富山新聞社、一九八三
新越中風土記刊行会編『新越中風土記』創土社、一九八一
遠藤和子『佐々成政』学陽書房、二〇一〇

参考文献

遠藤和子『富山の薬売り』サイマル出版会、一九九三
千秋謙治『瑞泉寺と門前町井波』桂書房、二〇〇五
高井進『越中から富山へ』山川出版社、一九九八
玉川信明『反魂丹の文化史』社会評論社、二〇〇五
加部敏夫『越中売薬薩摩組の北前船長者丸　幕末異聞』アメージング出版、二〇一九
高澤裕一・河村好光・東四柳史明・本康宏史・橋本哲哉『石川県の歴史』山川出版社、二〇〇〇
三瀬和雄『利家・利長・利常』北國新聞社、二〇〇二
深井甚三・本郷真紹・久保尚文・市川文彦『富山県の歴史』山川出版社、一九九七
富山県公文書館『とやまの歴史』富山県、一九九八
青野豊作『実録・越中魂　甦る先覚の熱き闘い』北日本新聞社、二〇〇六
井手英策『富山は日本のスウェーデン　変革する保守王国の謎を解く』集英社、二〇一八
チューリップテレビ取材班『富山市議はなぜ14人も辞めたのか』岩波書店、二〇一七
藤井一二『大伴家持　波乱にみちた万葉歌人の生涯』中公新書、二〇一七

著者プロフィール

山田 豪（やまだ つよし）

富山県生まれ、在住。
白銀人間言語研究所主宰（2009年設立）。
日本英語教育史学会会員。
日本英学史学会会員。

主な著書に、『英語学習第三の道』（2017年、文芸社）、『英語教育・訳読の弊害』（2018年、文芸社）がある。

方言は今も生きている 方言と共通語

2020年10月15日　初版第1刷発行

著　者　山田 豪
発行者　瓜谷 綱延
発行所　株式会社文芸社
〒160-0022 東京都新宿区新宿1－10－1
電話 03-5369-3060（代表）
03-5369-2299（販売）

印刷所　株式会社フクイン

ISBN978-4-286-21955-4